民族传统体育教学与文化传承研究

彭 友 著

群言出版社
QUNYAN PRESS
·北京·

图书在版编目（CIP）数据

民族传统体育教学与文化传承研究 / 彭友著 . -- 北京：群言出版社，2022.11
ISBN 978-7-5193-0772-1

Ⅰ.①民… Ⅱ.①彭… Ⅲ.①民族形式体育—教学研究—中国 Ⅳ.① G852.9

中国版本图书馆 CIP 数据核字 (2022) 第 189106 号

责任编辑：孙平平
封面设计：知更壹点

出版发行：群言出版社
地　　址：北京市东城区东厂胡同北巷 1 号（100006）
网　　址：www.qypublish.com（官网书城）
电子信箱：qunyancbs@126.com
联系电话：010-65267783　65263836
法律顾问：北京法政安邦律师事务所
经　　销：全国新华书店

印　　刷：三河市明华印务有限公司
版　　次：2022 年 11 月第 1 版
印　　次：2023 年 1 月第 1 次印刷
开　　本：710mm×1000mm　1/16
印　　张：11.25
字　　数：225 千字
书　　号：ISBN 978-7-5193-0772-1
定　　价：72.00 元

【版权所有，侵权必究】

如有印装质量问题，请与本社发行部联系调换，电话：010-65263836

作者简介

彭友，男，土家族，湖南省保靖县人，毕业于吉首大学，硕士研究生学历，菲律宾圣保罗大学在读博士。现任吉首大学讲师，被评为青年优秀教师、十佳班主任、创新创业指导师。研究方向：民族传统体育及体育旅游。主持省部级科研项目3项、地校级项目8项，发表论文10余篇。

前 言

民族传统体育是中华民族传统文化的重要组成部分。民族传统体育对提高各民族人民的健康水平，增强民族向心力和凝聚力，促进民族团结和社会文化进步起着重要作用。基于此，本书结合相关的教学理论来指导实践，在全面阐述方法理论的同时强化各类传统体育项目的实战技巧，论述民族传统体育教学的现状、传统项目教学以及民族传统体育文化的传承，以帮助人们提高民族文化认同感与自豪感，振奋民族自信心，在传承和发扬优秀民族传统体育文化的同时，增强民族和国家的凝聚力。

全书共八章，第一章为绪论，主要涵盖民族传统体育的起源、民族传统体育的文化渊源、民族传统体育的文化属性、开展民族传统体育教学的意义等内容；第二章为民族传统体育文化内涵解读，主要涵盖民族传统体育的物质文化内涵、民族传统体育的精神文化内涵、民族传统体育的制度文化内涵等内容；第三章为民族传统体育教学现状，主要涵盖民族传统体育的发展现状、民族传统体育教学开展的现状、民族传统体育教学存在的问题等内容；第四章为民族传统体育教学理论思考，主要涵盖民族传统体育教学的基本原则、基本方法、课堂组织与实施、比赛组织与实施等内容；第五章为民族传统体育之技巧项目教学，主要涵盖高脚、板鞋、秋千、陀螺、押加、射弩教学等内容；第六章为民族传统体育之球类项目教学，主要涵盖抢花炮、木球、蹴球、毽球、珍珠球教学等内容；第七章为民族传统体育之综合项目教学，主要涵盖龙舟、民族武术、民族健身操、中国式摔跤教学等内容；第八章为民族传统体育文化传承，主要涵盖民族传统体育文化传承的意义、背景、策略等内容。

为了确保研究内容的丰富性和多样性，笔者在写作过程中参考了大量理论与研究文献，在此向涉及的专家学者表示衷心的感谢。

最后，限于作者水平，本书难免存在一些不足，在此，恳请同行专家和读者朋友批评指正！

目 录

第一章 绪论 ·· 1
    第一节 民族传统体育的起源 ·· 1
    第二节 民族传统体育的文化渊源 ··· 4
    第三节 民族传统体育的文化属性 ·· 11
    第四节 开展民族传统体育教学的意义 ·· 14

第二章 民族传统体育文化内涵解读 ··· 17
    第一节 民族传统体育的物质文化内涵 ·· 17
    第二节 民族传统体育的精神文化内涵 ·· 21
    第三节 民族传统体育的制度文化内涵 ·· 23

第三章 民族传统体育教学现状 ··· 28
    第一节 民族传统体育的发展现状 ·· 28
    第二节 民族传统体育教学开展的现状 ·· 30
    第三节 民族传统体育教学存在的问题 ·· 33

第四章 民族传统体育教学理论思考 ··· 36
    第一节 民族传统体育教学的基本原则 ·· 36
    第二节 民族传统体育教学的基本方法 ·· 41
    第三节 民族传统体育教学的课堂组织与实施 ······························· 50
    第四节 民族传统体育教学的比赛组织与实施 ······························· 55

第五章 民族传统体育之技巧项目教学 ... 62
第一节 高脚教学 ... 62
第二节 板鞋教学 ... 65
第三节 秋千教学 ... 67
第四节 陀螺教学 ... 71
第五节 押加教学 ... 74
第六节 射弩教学 ... 79

第六章 民族传统体育之球类项目教学 ... 81
第一节 抢花炮教学 ... 81
第二节 木球教学 ... 86
第三节 蹴球教学 ... 93
第四节 毽球教学 ... 98
第五节 珍珠球教学 ... 109

第七章 民族传统体育之综合项目教学 ... 116
第一节 龙舟教学 ... 116
第二节 民族武术教学 ... 122
第三节 民族健身操教学 ... 127
第四节 民族中国式摔跤教学 ... 142

第八章 民族传统体育文化传承 ... 154
第一节 民族传统体育文化传承的意义 ... 154
第二节 民族传统体育文化传承的背景 ... 155
第三节 民族传统体育文化传承的策略 ... 158

参考文献 ... 170

第一章 绪论

本章分为民族传统体育的起源、民族传统体育的文化渊源、民族传统体育的文化属性、开展民族传统体育教学的意义四部分,主要包括民族传统体育在原始教育中的显现、古代文学对民族传统体育的影响、古代艺术对民族传统体育的影响、民族传统体育的民族性等内容。

第一节 民族传统体育的起源

一、民族传统体育萌发于生产劳动

原始体育的萌生与生产劳动是分不开的。20世纪70年代,考古工作者在山西阳高许家窑文化遗址中,挖掘出了古人类化石和数以万计的石器。值得我们注意的是,在这个距今至少10万年的文化遗址中,有1500多枚大小不一的石球。据专家们考证,这些石球是当时许家窑人狩猎所用的最有力的投掷武器。后来,由于弓箭等先进工具的发明,人们猎取野兽的能力逐渐提高,很少再需要用到石球这种笨重的工具,于是石球的功能便开始向娱乐性转化,扔石球的目的不再是击伤或击倒野兽,而只是消遣,增加一些欢乐的情趣。在西安半坡遗址中发现的三个石球,被放置在一个三四岁小孩的墓葬中,距今已有六千多年的历史。很显然,这些石球已经不再是狩猎的工具和保卫自身安全的武器,而是一种游戏的工具。

弓箭是狩猎民族的又一主要工具。据古籍记载,原始人可能是通过发现桑柘一类树木的弹力而制成了弓箭,"乌号弓者,柘桑之林,枝条畅茂,乌登其上,下垂著地。乌适飞去,从后拨杀,取以为弓,因名乌号耳"[①],因而,古代良弓亦称"乌号"。它的发明是原始狩猎时代的一件大事,恩格斯(Engels)在《家庭、私有制和国家的起源》一书中明确指出:"弓箭对于蒙昧时代,正如铁剑对于野蛮时代和火器对于文明时代一样,乃是决定性的武器。"发明了弓箭以后,人们

---

① 引自东汉应劭《风俗通义·卷二·封泰山禅梁父》。

狩猎的效率就有了很大提高。后来，当人们学会种植庄稼和饲养牲畜的时候，狩猎也不像以前那样重要了，人们弯弓射箭已不再是为了射得野兽饱腹充饥，而是为了显示射箭技艺。于是，具有体育性质的射箭活动就出现了。

在出土文物中，还有原始社会后期的骨制鱼镖和鱼钩，说明捕鱼在当时已是经常性的活动，与之相应的投掷鱼镖、垂钓、游水等活动也已出现。

二、原始战争促进了民族传统体育的萌生

原始社会进入氏族公社后期，我国已存在华夏、东夷、南蛮、西戎、北狄五大民族集团，各民族集团内部或外部为了争夺生存空间或为了复仇就出现了原始的战争，这些原始的军事活动是促成民族传统体育萌芽的一个重要社会因素。

从有关战争的传说中，我们发现了传统体育萌发的一些具体情况。《管子·地数篇》记载："葛芦之山，发而出水，金从之。蚩尤受而制之，以为剑铠矛戟，是岁相兼者诸侯九。"《述异记》则描写得更具体："轩辕之初立也，有蚩尤兄弟七十二人，与轩辕斗，以角抵人，人不能向，今冀州有乐名蚩尤戏。其民两两三三，头戴牛角而相抵。"从这些传说中，我们可以看到角抵（后来的角力、相扑、摔跤等）最早起源于蚩尤，据说他还是铜兵器剑、矛、戟等的发明者。这些虽然不一定是真实的历史情况，但属于东夷民族集团的英勇善战的蚩尤部落改进了原始兵器则是可能的。原始兵器往往是仿照兽角和鸟嘴的形状制成的，后来随着战争的频繁发生和规模的扩大，专门的武器就出现了，有石弹、石斧和石铲，以及石或骨制的标枪头及弓用的矢镞等。

战争的出现，促成了武器和战斗技能的演进，以及对战斗人员进行身体和军事技能的训练，蹴鞠最早便是为了训练将士，以提高战斗力而创造出来的。

三、原始宗教对民族传统体育萌发的影响

由于对自然现象的不理解和恐惧，原始人类认为万物是有灵的。原始宗教就是在万物有灵的观念上产生的，主要包括图腾崇拜、自然崇拜和祖先崇拜，以及在此基础上产生的原始巫术活动，其中，图腾崇拜和原始巫术对民族传统体育产生了深远的影响。

世界各国古老民族在早期都普遍存在图腾崇拜这一原始宗教的信仰仪式，据古文献记载，我国上古时期曾有鸟、蛙、蛇、熊、虎等多种图腾。据说，长江以南地区的赛龙舟活动，最初也是龙图腾崇拜的一种仪式。闻一多先生在《端午考》和《端午的历史教育》等文中认为，龙舟竞渡早在屈原之前就在古越族中盛行了。

古越族人为表示他们是"龙子",有"断发纹身"的习俗,同时还会乘着刻画成龙形的独木舟在水中模仿龙的姿态进行竞渡。在我国各地的民间传统体育活动中,除了赛龙舟之外,舞龙灯、纸龙等都依稀可见龙图腾崇拜的影子。

原始人不能理解各种自然现象的客观规律和因果关系,幻想自然界对人存在着一种不可见的影响,而人也可以采取相应的方式影响自然界和其他人。原始巫术就是在这样的基础上产生并流行的,其主要目的是通过一定的巫术形式来祈祷狩猎成功、庄稼丰收、家畜强壮多产等。拔河就是一种祈祷丰年的巫术活动,人们希望通过众人的拔河之力感应农作物,使之借助这种力量茁壮成长,从而获得丰收。

随着原始宗教信仰的出现,祭祀仪式也渐渐渗透到人们社会生活的各个角落,人们在生产劳动和日常生活中都要举行一定的祭祀仪式。每遇重大祭日,其祭祀仪式就更为盛大,而舞蹈是一切宗教祭祀仪式的主要组成部分,它贯穿于宗教仪式的始终,从而促进了原始舞蹈中处于萌芽状态的民族传统体育的发展。此外,由于各个民族崇拜和祭祀的"神灵"不同,祭祀仪式中所跳的舞也有所差别,例如,自命为"虎族"的彝族在举行祭祖仪式时,人们仍要身披"虎衣",在雄浑的锣鼓声中,模仿虎的动作,翩翩起舞。又如汉族的"傩舞"、傈僳族的"飞舞"、白族的"绕三灵"等都是关于祭祀仪式中体育活动的事例。

四、民族传统体育在原始教育中的显现

原始教育最初尚未从生产劳动过程中分化出来成为一种专门的活动,实际上,所谓原始教育就是在生产劳动实践过程中进行简单的生产技能传授。人类社会进入氏族社会后,随着人类文明的发展,最早的文字(记事符号)出现了,信仰和风俗习惯等逐渐形成,教育内容也相应地复杂了。

生活在我国东北黑龙江畔的鄂温克人,在新中国成立前还处在原始社会末期,在他们的生活习俗中,男子在十几岁时就开始跟随父兄学习狩猎技术。这种狩猎技术的教育,是通过游戏和体育来完成的。

由此也可以推断出原始教育中包含着大量的体育内容,并且这些体育内容带有明显的地域性特征,这是由于散居在不同区域和环境下的各民族需要掌握和学习不同的生产劳动技能与工具的使用,因而各民族的原始教育便含有各自独特的传统体育内容。

第二节　民族传统体育的文化渊源

作为一种独特的体育文化，中华民族传统体育文化虽然也包含着世界体育文化的共同特性，但是它作为中华传统文化中重要一环的特性是尤其值得我们注意的。在对我们的民族传统体育文化进行评价时，既不能采取历史虚无主义的态度，认为凡是过去的皆应一切铲去不为，皆是没有现实意义的，也不能抱着文化复古的态度矫枉过正，认为凡是传统的都是优秀的。只有深入研究本民族传统体育文化的特点，并同世界体育文化比较，分析其产生和制约因素，找到内部联系和内在规律，我们才有可能根据社会的发展、历史的变迁，对民族传统体育文化进行整理，使其成为世界进步文化的一部分，才能在其现代化发展中做出合乎理性的选择。

一、古代哲学对民族传统体育的影响

（一）儒家学说对民族传统体育的影响

关于以儒家学说为代表的中国传统文化对于民族传统体育的影响，有许多学者做过深入的探讨。文化学家司马云杰在《文化价值论》一书中，将"中国传统文化"定义为"中国历史上以个体农业为基础，以宗法家庭为背景，以儒家伦理道德为核心的社会文化体系"，并认为"儒家文化思想在中国延续时间最长，影响最大、最久远，而且它的价值取向在中华民族形成和发展过程中占主导地位，儒家文化并不只是孔孟文化，而是中华民族形成和发展过程中所产生的民族文化"。

儒家文化的主要代表人物有孔子、孟子、荀子、董仲舒、周敦颐、邵雍、程颢、程颐、朱熹等，虽然其思想、观点并不完全一致，但其对于仁、义、礼、智、信等基本观念的推崇是一致的。

儒家学说在中国历史上作为一种为统治阶级服务且占据主导地位的传统文化，对中国社会的各个方面都产生了极其重大的影响，体育也不例外。自孔子开始，经董仲舒的发展，至朱熹儒家思想成为完备的理论体系。孔子重"礼"，讲究"中庸"，因而民族传统体育也毫不例外地被纳入"礼"的节制之下。"中庸为本，不偏不倚，过犹不及""温良恭俭让"的谦谦君子人格是体育精神的主旋律；体育行为恪守"中正平和、敦厚温雅"的理念，以至于在最具竞技实质的武术搏击中，也要"立身中正，随身就屈"。董仲舒创立"三纲五常"，提出"天

人感应"。朱熹则将"三纲五常"发挥为天理,是自然的一种法则,君权至上是绝对的、永恒的。

在董仲舒与朱熹的影响下,民族传统体育洋溢着浓郁的泛道德色彩,强调体育的伦理教化功能,在练功习武、养生健体的活动中,强调道德为先,"自天子至庶人,一是皆以修身为本""欲修其身,先正其心"。在儒家学说看来,体育是成德成圣、完成圆善的手段。唐代木射,将"仁、义、礼、智、信、温、良、恭、俭、让"作为取胜的标记,约成书于元明间的《蹴鞠图谱》就以专章论述儒家"仁、义、礼、智、信"怎样在蹴鞠中体现,踢球应以"仁"为主。南宋时期,蹴鞠艺人组建了自己的团队,叫作"齐云社",又称"圆社"。齐云社规定了《齐云社规》。其中,"十紧要"指出:"要和气,要信实,要志诚,要行止,要温良,要朋友,要尊重,要谦让,要礼法,要精神。"这也成为蹴鞠的指导原则。元代《丸经》中对道德的论述也相当多,专门有"取友章""德傲章""贵和章"。清代"少林十戒"中也有"尊师重道,敬长友爱,除贪祛妄,戒淫忌狠"。

尊卑有别的等级秩序在体育领域也得到了极大的渗透。西周的射礼,不仅有大射、宾射、燕射、乡射之分,而且对同属统治阶层而不同等级、身份的人,所使用的弓箭、箭靶、伴奏乐曲及司职人员等都有严格的区别和规定;秋猎大典,在围猎的最后阶段,要由皇帝所在的"黄幄"射出第一箭,狩猎活动才能开始。宋代的马球,只要有皇帝参加,第一球一定要让皇帝打进。女子在中国古代体育活动中的权利和条件都受到了严格的限制,许多项目除艺人外,一般妇女根本无权问津,即使偶尔参加一些活动,也是作为男子体育的陪衬。

正如学者王铁新在《论中国传统文化的非理性与民族传统体育的价值悖谬》一文中指出的那样:"中国传统体育注重人与自然的和谐,在宁静、冥想中悟道,注重从整体的概念描述人体运动过程中形体、机能、意念、精神诸方面的活动,以及这些状态与外部世界的联系。"如中国传统体育项目——气功、太极拳都是在意念的主导下,"以心会意,以意调气,以气促形,以形会神",通过意念与肢体活动,使"心灵交通,以契合体道",体现中华民族追求平衡和顺其自然的协调发展之整体效益的价值观。但传统体育的不足也正在于此,过于注重天地人的合一,使得人与自然、社会之间缺乏紧张状态,从而也就没有可能去培养合理的征服外界的精神。由于缺乏积极探索自然的精神,缺乏对人体单项技能的开发与研究,中国传统体育理论既博大精深,又杂乱无存,理论表述带有浓厚的神秘色彩,语词含蓄模糊,缺乏确切定义,原理主观抽象,无法进行具体检验。中国传统体育在延年益寿、身体锻炼、技能培养方面留下了丰富的实践经验,但对运动、健康的奥秘涉及较少,即使是医家、养生也始终停留在"阴阳平衡"前,未能更进一步。另外,程朱理学的"存天理,灭人欲",使得中国人非常重视社会群体的价值取向,以社会群体的价值取向作为自己的取向,这就形成了中国人重集体、轻个人的价值取向特征。在体育活动方面,中国乃至古代东方体育都非常重视体育活动在民族整合、群体向心等方面的功能。群体性的体育活动项目,较为东方人所喜爱,如日本的"拔河"、中国的"龙舟竞渡"等。这些体育活动形式,进一步增强了人们的团结意识和协作观念,它不仅有利于体育事业的发展,而且有利于社会的稳定。学者曹守诉在《儒家学说与中国古代体育性格的形成》一文中对此有极其精要的概括,作者在文章中指出:自秦始皇统一六国建立封建的中央集权制国家,到清代中叶的两千多年中,孔孟儒家思想始终都是中国封建文化的核心,儒家经典所确定的伦理纲领,成为千古不变的圣道和人人不可违背和逾越的规范,儒家经典所确定的思想和学说,渗透到社会的每一个领域,成为长期制约其他思想文化的指导思想。中国古代体育也不例外,文章指出,儒家经典学说对中国传统体育的影响主要表现在三个方面:目的作用上的伦理教化的价值取向;原则要求上的尊卑有别的等级观念;项目手段上的崇文尚柔的运动形态。

(二)玄学对民族传统体育的影响

玄学指魏晋时期以老庄(或三玄)思想为骨架,从两汉烦琐的经学解放出来,企图调和"自然"与"名教"的一种特定的哲学思潮。它讨论的中心问题是"本末有无"问题,即用思辨的方法讨论关于天地万物存在的根据的问题,也就是说它是一种远离"事物"与"事务"的形式来讨论事务存在根据的本体论及形而上学的问题。它是中国哲学史上第一次企图使中国哲学在老庄思想基础上建构把儒道两大家结合起来极有意义的哲学尝试。在哲学上,主要以有无问题为中心,形成玄学上的贵无与崇有两派。贵无派主张"以无为本",认为万物统一于一个共同的本体——"道"或"无",世界万物之所以能够存在,就是因为有这个本体,形形色色的宇宙万物,都是这个本体的表现,即所谓"天地万物皆以无为本"。崇有派主张"自生而必体有",反对贵无派"以无为本"的说法,认为"有"之所以发生,并非另外有一个东西使之成为"有",而是万物"自生""自有",把宇宙的全体看成由万物自身所构成,即所谓"始生者,自生也""总混群本,终极之道也"。玄学家们主张"崇尚自然,反对礼教",宣扬达生任性,及时享乐,对儒教"礼乐观"进行了猛烈的抨击。在实际生活中,他们放浪形骸,斗鸡走狗，骑马击剑，无情嘲弄了儒士的生活模式，冲击了正统的礼乐观念。此外，玄学对人体的美学标准也有较大影响，男子以体格健壮、风度翩翩为美；女子以体态丰盈、端庄秀美为标准。

二、古代文学对民族传统体育的影响

（一）神话传说对民族传统体育的影响

上古先民由于对自然界力量的敬畏，故而多对自然现象赋以人格化解释，由此就产生了神话。加之中国古人相信万物有灵，自然存在的一切事物都有其内在的精神，故而产生了很多神话传说。现在所能看到的上古神话多记载于《山海经》《淮南子》《楚辞》《吕氏春秋》《风俗通义》等书中。而关于体育的记载多数是英雄史诗神话，如后羿射日，后羿是后世所推崇的弓箭之祖，他所流传下来的神话传说有嫦娥奔月和后羿射日两个，据《淮南子·本经训》记载："逮至尧之时，十日并出，焦禾稼，杀草木，而民无所食。猰貐、凿齿、九婴、大风、封豨、修蛇皆为民害。尧乃使羿诛凿齿于畴华之野，杀九婴于凶水之上，缴大风于青丘之泽，上射十日而下杀猰貐，断修蛇于洞庭，擒封豨于桑林。万民皆喜，置尧以为天子。"后羿射日显示了他的英雄气概，因为他所具有的高超射技，后人把他奉为弓箭之祖。与民族传统体育起源有关的神话人物还有刑天，陶渊明曾有诗赞曰："刑天舞干戚，猛志固常在。"鲁迅先生把这句诗视为"金刚怒目"式的典型。《山海经》记载："刑天至此与帝争神，帝断其首，葬之常羊之山；乃以乳为目，以脐为口，操干戚以舞。"这是我国关于器械形象的最早记载。刑天这位虽死犹生的英雄成了中华民族坚贞不屈的精神象征。存在于典籍中的上古神话英雄人物虽然形象不够鲜明，他们的行为也略显混沌，但是他们却培养了中华民族尚武的精神。

（二）小说对民族传统体育的影响

小说对民族传统体育的影响在所有的文学形式中是最为广泛的，古人通过小说塑造了一个又一个鲜明的侠义英雄，这些英雄形象有的至今还活跃在我们的生活中。中国近代思想家、政治家梁启超在《论小说与群治之关系》曾言："小说之为体，其易人人也既如彼，其为用之易感人也又如此，故人类之普通性，嗜他文不如其嗜小说，此殆心理学自然之作用，非人力之所得而易也。"他认为小说易观易人，可以广泛地流传，故"欲新一国之民，不可不先新一国之小说"。由于小说在人民群众中的广泛影响，小说对体育也就容易产生影响。论及小说的起源，学术界一般追溯至上古神话时期和三代（尧舜禹）历史遗文之中，但是据鲁迅《中国小说史略》所言，小说的直接起源应该是六朝的志怪与志人小说，六朝小说与体育有关的当推周处，据《世说新语》记载，周处勇武过人，为乡党所患。他上山杀虎，入河斩蛟龙，后来终成大器。唐传奇是小说发展的里程碑，唐人在传奇中塑造了很多侠义人物，是我国武侠小说的起源，如杜光庭所著《虬髯客传》所塑造的"风尘三侠"都是忠肝义胆的侠义之辈，还有《霍小玉传》中不知名的"黄衫客"只是因为激于义愤，路见不平就把李益擒去小玉处，这是我国古人心中侠义精神的体现，对我国民族传统体育的侠义内核有很大的影响。白话小说有关侠义的话题和人物就更多了，《水浒传》是最有名的英雄传奇小说，其中塑造了一百单八将，各个武艺高强，替天行道，除暴安良。古人受到冤屈压迫，但又无处申冤时，往往寄希望于英雄来解救，因此《水浒传》有了广泛的群众基础，在群众中就有了持久而深刻的影响。在清代，《水浒传》甚至多次遭到禁毁，有人斥之为"贼书"。可见它对民族体育精神有多大的振奋作用。《三国演义》中也有很多民族传统体育的内容，三国名将辈出，他们战场厮杀所用的都是武打、武术类的技能。民间说书艺人甚至做了排行，所谓"一吕二赵三典韦，四关五马六张飞。黄许孙太两夏侯，二张徐庞廿周魏。枪神张绣和文颜，虽勇无奈命太悲。三国二十四名将，打末邓艾和姜维。"特别是诸多名将所用的器械，更是被民间说书者多次提及，我国民族传统体育的很多器械就是根据这些打造的。直到近代，武侠小说兴起，特别是金庸和古龙的小说多次被改编为电视剧，使得民族传统体育中的武术更加被人向往，甚至有人因此而去深山中寻求高手，少林寺也由此得以闻名天下。

（三）诗歌对民族传统体育的影响

经历了魏晋六朝的纷乱更替，我国终于在隋唐时期又一次实现了国家大一统，盛世随之到来，隋唐是中国历史上的黄金时代，同时也是民族传统体育的黄金时代，在这个时代民族传统体育不管从内容的丰富上还是技术的完善上都达到了顶峰。唐诗是中国文化的瑰丽篇章，在唐诗中不乏言及民族传统体育的内容。唐诗中有边塞诗派，高适、岑参是其中的代表，他们不只歌咏边塞的风光和征战的辛苦，还歌咏宝剑和名将，歌咏武艺的高超。李白是一个兼具豪侠气质和诗人气质的伟大诗人，他是诗人但更是一个剑客，李白的一生有穷困落寞的时候，有不写诗的时候，但是他从未让剑须臾离身。书剑飘零是他的最好写照，也是他的理想人生。他在《侠客行》中如此歌咏心中的剑客"赵客缦胡缨，吴钩霜雪明。银鞍照白马，飒沓如流星。十步杀一人，千里不留行。事了拂衣去，深藏身与名。……纵死侠骨香，不惭世上英。谁能书阁下，白首太玄经。"他的歌咏给后人留下了多少侠客的梦想。盛唐的气象对所有的唐人都是永久的鼓励，他们高昂着热情，激荡着胸襟，立志做一番大事，"出将入相"才是他们的追求。就算是如李贺这样的诗人也念叨着："男儿何不带吴钩，收取关山五十州。请君试上凌烟阁，若个书生万户侯？"杜甫也有许多吟咏剑器之作，他同样不甘心只做一个文士，比如他的《观公孙大娘弟子舞剑器行》："昔有佳人公孙氏，一舞剑器动四方。观者如山色沮丧，天地为之久低昂。霍如羿射九日落，矫如群帝骖龙翔。来如雷霆收震怒，罢如江海凝清光。"

三、古代艺术对民族传统体育的影响

（一）杂技对民族传统体育的影响

杂技是中国特有的艺术形式，是中国对世界体育的极大贡献，杂技展示了东方人体文化的辉煌和神韵，体现了人体艺术与潜能的无穷魅力。中国杂技独树一帜，节目丰富多彩，传统悠久。概括起来，中国杂技有以下四大特色。

1. 重视腰腿顶功的训练

杂技与民族传统体育有千丝万缕的联系，杂技的训练方法也被民族传统体育所借鉴。中国杂技自古重视顶功。汉代画像砖石和壁画、陶俑中，有许多拿顶和翻筋斗的形象。中国杂技艺人，即使是表演古彩戏法的演员也要有扎实的武功基础，所谓"文戏武活"，就是指此，没有坚实的武功，在大褂里卡上上百斤的道具，还要从容自如，翻着筋斗变水变火是不行的。俗话说"京戏的筋斗，杂技的顶"，其实筋斗和顶功也是分不开的，腰腿基本功的训练成为中国杂技艺术的基础。

2. 险中求稳、动中求静

动静之间的辩证关系在民族传统体育中也有体现，如"太极拳"，而杂技中也有这样的应用，如"走钢丝"中种种惊险的表演，都要求"稳"；"晃板""晃梯"之类，凳上加凳、人上叠人，这必须要有极冷静的头脑和高超的技艺与千百次刻苦训练，显示了对势能和平衡的驾驭力量，表现了人类在战胜险阻中的超越精神。

3. 平中求奇

平中求奇就是以出神入化的巧妙手法，从无到有，显示人类的创造力量。这个艺术特色在举世惊叹的古彩戏法中表现得最为突出。戏法古称幻术，汉唐极盛。中国戏法与西洋魔术最大的区别就在于魔术讲究运用光道具，台面上金碧辉煌、铮光锃亮，中国戏法演员却只要一件长袍，一条薄单，平凡朴实，毫无华彩，然而这一身长袍却要变出千奇百怪的东西，从十八件大小酒席的菜肴至活鱼、活鸟，演员一个跟斗能献出烈火燃烧得熊熊灼人的铜盆，再一个跟斗又取出硕大无比、有鱼有水的鱼缸。中国古彩戏法门类甚多，灵巧精湛的演技几近神异，举世称绝。"仙人栽豆""吉庆有余""连环"等项目在国际魔术界也被公认为杰作。平中求奇的艺术特点尤其惊人，中国戏法表面道具极少，一切卡在身上，故而对四肢百体的功夫要求甚高。

4. 力量和技艺相结合

民族传统体育多数既要求强大的力量又需要高超的技艺。这也和杂技有异曲同工之处。杂技"叠罗汉"的底座负重量是惊人的。唐代"载竿"之艺极高，《独异记》中有一人顶十八人的记载；现藏日本的唐代漆画弹弓，弓背上就有一个人顶六人的形象。近世的"千斤担"——位老演员，手举脚踏同时举起四副石担和七八个演员，负重达千斤以上，表现了超人的力量。中国杂技有严密的师承传统，对先辈传下来的技艺，总是千方百计地保存下来，传递下去。民族传统体育也从中受益。

（二）舞蹈对民族传统体育的影响

舞蹈艺术从创始之初便和民族传统体育结下了不解之缘。舞蹈和很多武术形式都有相互交流影响的痕迹。原始艺术史学者经过长久的考释和实地调查发现，以舞习武是部落时代的共同特征。武术和舞蹈在很多时候是不分的，而且舞蹈中的剑舞既可以算是舞蹈又是武术，晋代刘琨、祖逖曾以"闻鸡起舞"相勉励。剑舞在唐代极为发达，唐文宗曾下诏将李白的诗歌、裴旻的剑舞、张旭的草书并称为"三绝"。诗圣杜甫曾有感于剑舞的魅力，写下了《观公孙大娘弟子舞剑器行》。李白多次在诗中歌咏自己的歌舞："起舞莲花剑，行歌明月弓。""三杯拂剑舞秋月，偶然高咏涕泗涟。"剑舞可以作为助兴之用，也可以成为杀人的利器。鸿门宴上项庄也曾借口剑舞意图杀沛公。古典舞在当代已经很难见到，而受其沾溉而蔚为大观的民族传统体育却是丰富多彩的，武术保留了古代舞蹈的遗韵留姿，中国的舞蹈一般是武术，同样，民族传统体育中也有很大一部分是舞蹈。

（三）书画对民族传统体育的影响

书画艺术是我国传统文化的艺术瑰宝，古人认为书画在很多地方与民族传统体育有互通之处，如清代书法家包世臣在《艺舟双楫疏证》中就写道"学书如学拳，学拳者身法、步法、手法，扭筋对骨，出手起脚，必及筋之所能至，使之内气通而外劲出。予所谓临摹古帖，笔画地步，必比帖肥长过半，乃能尽其势而传其意者也。"正因为二者密切相关，所以有草圣张旭观公孙大娘舞剑器后，得到书法的神韵；唐代颜真卿书法剑拔弩张，被评为"如荆书法卿按剑，樊哙拥盾，金刚瞋目，力士挥拳"。

书法用笔有收有放，每往必收，每垂必缩，含蓄而锋芒不露，不轻佻浮躁。每一点划，笔锋是欲右先左、欲左先右、欲上先下、欲下先上，这与太极拳中意欲向上、必先寓下，意欲向左、必先右去，前后左右、内外相合是一致的。中华民族传统体育中武术的拳打、掌劈、指截、脚踢、肩撞、肘击等都有的放矢，是连续进击的动作，使人感到一种激昂振奋的气氛，激发人们强烈的竞争意识、奋发向上的精神，从中感受到一种武术套路演练所特有的功力美。书法讲究的"意在笔先，笔随意行"的行笔论对于民族传统体育中的神韵形成有促进作用。

绘画和民族传统体育的联系更为密切，民族传统体育中很多项目的流传就依赖于绘画。口口相传的民族传统体育毕竟在普及推广上有很大的难度，而绘画的运用就使民族传统体育的广泛流布有了可能。汉代画像砖、画像石的出现对于探究民族传统体育的原始形态有极大意义，图谱式的画像为我国民族传统体育留下了原始的一手资料。

第三节 民族传统体育的文化属性

民族传统体育集多元价值于一身，反映了人们对美好生活和崇高理想的追求。民族传统体育内容丰富、形式多样，具有一些近现代体育无法比拟的优势，呈现出美感的复合性。民族传统体育与本民族的生活、文化、所在地域等各个方面紧密结合，本书对其特性的研究主要从以下几方面展开。

一、民族性

在人类创造文化的同时，文化也在塑造人类本身，但人类难以创造出统一模式的文化。这是因为人类将自己塑造成各具不同文化特征的群体——民族，因此，世界各民族的传统体育也深深烙上了民族性的烙印。每一个地区和国家都有自己独特的传统体育内容，如中国武术、美国篮球、巴西足球已经成为这些国家的文化象征。

尽管各民族传统体育的类型和模式不同，但它们既有体育文化的共性、一般特征和基本属性，也有强烈的民族意识和民族文化气息，有独具一格的特色。各个国家和地区的传统体育的民族性，通过体育精神以及体育的外在形式、运动规则和具体要求体现出来。我国民族传统体育的民族性，主要表现为整体性、和谐性、养生性、保健性等。

二、地域性

一定的地域是一个民族长期繁衍生息的空间条件。我国经纬跨度大，东西南北自然地理差异大，各民族"大杂居、小聚居"，导致各个地域存在不同的价值观念和审美情趣，进而产生了不同的体育文化。换言之，我国各民族的不同生产方式、生活技能和社会风尚造就了各种各样的民族传统体育文化。

总体来看，在我国，北人乐骑，南人善舟；北方民族更多以个体性的体育项目为主，南方民族以集体性体育项目为主。另外，同一地区、同一体育项目由于开展地点不同，在方式和方法上也有一定的差异。这些地方特点不断汇聚、融合，成为一种具有鲜明地域特征和浓郁地域色彩的文化景象。因此，我国民族传统体育形式多样，具有鲜明的地域性其实是一种必然的社会文化现象。

三、封闭性

在长期的历史发展中，我国各民族文化互相借鉴、吸收、碰撞及融合，不但丰富了自身文化，而且形成了具有共同文化价值观的多元一体的文化格局。当然，由于自然地理状况、自给自足的小农经济、血缘、宗族等因素的影响，我国传统文化具有一定的封闭性，各少数民族同一民族的传统文化都存在独特的风格和特点，正所谓"百里不同风，千里不同俗"。

中国传统文化的封闭性使得中国传统体育也具有一定的封闭性，有些体育活动往往只在少数人中传播，甚至在一些地区逐渐消失。例如，陈家沟太极拳由于所处地理环境封闭而只能与同类其他拳种进行有限的交流，在特定区域范围内自我萌发、发展，虽形成了特有的太极风格，但传播范围不广。

四、生产性

由于生产活动是体育文化产生的重要源头，因此民族传统体育以生产为基本支点，其产生和发展依赖于技术系统的支持。例如，马匹是北方地区人们生产的必备工具，由此演化出马上运动项目；居住在东北地区的鄂伦春族的人们，他们长期从事狩猎生产活动，形成了豪放、勇敢、强悍的性格，喜爱射击、赛马、斗熊等体育活动，以骏马、猎枪、猎犬闻名于世。

因此，生产性是民族传统体育发展的重要基础，是民族传统体育最基础的文化属性。

五、生活性

人们生活的特定环境对人自身和人所创造的文化都产生了重大影响。人类环境总是按照不断提高生活质量和生活品位的规律而发展的。在人类社会发展初期，生活与生产活动是一体的。狩猎、游牧、耕作等生产活动，庆祝收获、祈祷祭祀等生活内容总离不开人类社会初期形成的活动方式，即体育。可见，体育是人们生产和生活中最重要的组成部分之一，具有生活性。

虽然体育的生产性随着人类社会的发展和社会文明的进步而逐渐减弱，但体育在现代生活中发挥着越来越重要的作用，已成为人们生活的核心和文化的主体。

六、认同性

民族认同的重要前提和基础是血缘认同和民族认同，各个民族的团结稳定是以深层次的民族文化的认同为基本保障的。文化以民族为载体，民族又以文化为聚合体。作为文化重要组成部分的体育在民族文化认同方面具有突出的符号作用和塑造民族文化形象的重要意义。

例如，中国武术就是通过归纳、总结战争中的技术动作成分，并使之置身于长期的中华民族文化熏陶和演化下，逐渐形成的集竞技意识和健身观赏于一体，有别于其他技术动作的一项体育项目。中国武术具有东方哲理内涵，充分表现出中华民族文化的独特性质。此外，搏克、且里西、北嘎分别是蒙古族、维吾尔族、藏族的摔跤形式，由于其所属不同民族，有不同的表现形式，因此具有标志不同民族文化的符号作用。

七、娱乐性

娱乐是民族传统体育发展的重要动力之一，是体育起源要素中一个较为重要的成分。民族传统体育的娱乐成分主要包含身体技能性、谋略性和机遇性。第一种对技术要求比较高，具有强烈的自娱性和娱他性；第二种对人的谋略、心智水平要求较高；第三种主要是对竞技中机会把握的能力。

我国民族传统体育多以自娱自乐的、消遣的和游戏的方式出现，强调满足人的身心健康需求和情感愿望，对人们产生了极大的影响。人们可以在这些体育活动中直接得到情感抒发和宣泄并获得愉悦。一些娱乐项目的开展，往往会形成一个民族集聚的盛会，如西双版纳的基诺族每逢喜庆节日，就会齐聚一堂进行各种民族传统娱乐活动。

第四节　开展民族传统体育教学的意义

学校是现代体育的摇篮，是原始体育形态走向规范化、科学化、普及化的重要场所。无论是足球、橄榄球还是体操等项目，大多数在近代都经历了以学校为中介向高水平竞技项目发展的过程。我们可依托学校来发展高校民族传统体育，并使其逐步走向科学化、规范化、社会化和国际化，把东方古老的民族传统体育运动融入校园体育运动中，使其生根发芽。

一、有利于推进素质教育发展与体育教学改革

（一）推进素质教育发展

学校体育作为学校教育的重要组成部分，在素质教育中具有其他学科不可替代的作用。高校民族传统体育是体育的重要组成部分，是一种具有多元功能的社会文化现象。

首先，它对素质教育的很多方面有着深刻的影响，尤其是对学生的思想道德、人文素质和身心健康的培养，具有深远的现实意义。

其次，高校民族传统体育进入学校体育纳入课堂教学，不仅具有现代体育所具有的竞争性、健身性及文化娱乐性，还具有丰富的文化内涵和民族精神内涵，使参与者不仅能实现生理和心理的满足，还能实现身心健康地发展。

最后，它还具有使人们对民族文化心理产生认同的作用，以及文化传承和提高民族凝聚力的作用。

（二）推进体育教学改革

长期以来，高校民族传统体育始终推动着学校体育教学改革，主要表现在以下几个方面。

学校体育教学沿袭以运动技术为主的传统，那些规则严密、技术要求高的竞技运动项目始终贯穿于学校体育教学中，使体育教学严肃有余、活泼不足，天性好动的学生感到枯燥无味。

高校民族传统体育的健身性、娱乐性、观赏性、趣味性、群众性以及所特有的中华传统体育文化特征，重娱乐表演、轻竞技的价值等，加之项目繁多、内容极为丰富、运动形式多样，且不受场地、器材的限制，规则简单、便于操作的特点，使其更适合学校体育教育。

③高校民族传统体育能较好地体现有民族特色或地域特色的多民族文化，使人们更多地感受多民族、大家庭丰富多彩的文化生活。

④为使高校学生体验不同运动方式带来的参与乐趣，高校把快乐体育、健康体育、终身体育的理念始终贯穿在整个体育教学中，从而提高了学生身心健康水平。

二、有利于帮助学生全面认识民族传统体育

民族传统体育是从民族文化中剥离出来的一种文化形式，它反映了一个民族长期历史积淀而形成的共同的文化心态。从这个意义上说，开展高校民族传统体育活动，有助于高校学生更加准确而深刻地认识民族文化，把握民族精神，继承民族传统文化，同样，民族的存在与发展是同民族传统的延续与继承密不可分的。

目前，在体育教学中，由于教学内容单一，学生参加体育运动锻炼的积极性较低，达不到应有的锻炼效果，这与终身体育的思想偏离较远。中华民族传统体育有着独特的健身和养生价值，在学校中增加民族传统体育项目的课时比例，让学生选择自己喜爱的民族传统体育项目，如武术、踢毽子、踩高跷、掰手腕等，其效果会更好。因此，在学校中发展民族传统体育项目，能够在增强学生体质的同时，调动学生的积极性，使学生在今后的学习和生活中保持积极向上的态度。

三、有利于提高学生的民族向心力和凝聚力

民族传统体育是我国体育事业中一个重要的组成部分，它对我国现代社会的发展有着不可忽视的影响力。按照马克思主义的观点，人是生产力中最活跃的因素，这个因素能否发挥作用，是由人的最基础的素质决定的，即国民综合素质。学生的身体素质和智力素质是自身综合素质的基础。因此，在学校中开展民族传统体育活动，增强学生体质，是进一步提高学生综合素质的重要途径。

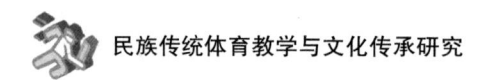

民族传统体育是一种具有民族特色的体育项目，它重视学生身心需要和情感愿望的满足，并以消遣性与游戏性特征满足学生的需要。它对于振奋民族精神、维系民族情感、提高民族向心力和凝聚力有着显著作用。因此，开展民族传统体育活动，对增进民族团结、促进社会进步与发展具有重要的意义。

四、有利于落实终身体育教育思想

终身体育教育思想是学校体育教育的指导思想。学校体育教育的目的之一就是让学生掌握体育知识和技能，并使学生养成终身体育锻炼的良好习惯。目前学校体育教育与社会体育之间出现严重脱节，连续性不够。部分人是工作之后才意识到健康的重要性，开始寻求适合自身的体育项目来健身。课堂体育教学是终身体育习惯养成的关键环节，因此学校体育教育与社会体育接轨，落实终身体育教育思想，是21世纪社会发展对体育教育的新要求。《全国普通高等学校体育课程教学指导纲要》中明确指出："要弘扬我国民族传统体育，汲取世界优秀体育文化，体现时代性、发展性、民族性和中国特色。"由此可见，学校体育是使在校学生树立终身体育意识，养成经常参与体育锻炼习惯的关键。民族传统体育内容丰富，适合引入学校体育的有很多，而且多数民族传统体育项目趣味性强，对学生具有较强的吸引力，能够激发学生参与体育锻炼的积极性。民族传统体育项目具有特殊的魅力，在高校体育课中开展能使学生在参与中体验体育锻炼的快乐，这也是落实终身体育教育思想的最好途径。

第二章　民族传统体育文化内涵解读

本章分为民族传统体育的物质文化内涵、民族传统体育的精神文化内涵、民族传统体育的制度文化内涵三部分。

第一节　民族传统体育的物质文化内涵

一、体育物质文化概念辨析

学者张应强在《文化视野中的高等教育》一文中将校园体育物质文化定义为："人们通过感觉器官可以感受到的一切物质性对象的总和，是对高校体育发展过程中积累下来的外在的物化形式的统称。"

阮永福等学者在《探索高校跨校区模式下和谐校园体育文化的构建》一文中认为："校园体育文化的物质方面主要包括学校的各种体育场馆和运动器械等，其是体育文化的物态形式，是直接呈现在学生眼前的物质，对体育文化的发展具有直观的影响，是校园体育文化的基础和物质外壳。"

二、民族传统体育物质文化的内容

随着民族传统体育的发展，人们逐渐提高了对于自身与周围环境关系的认识，而随着这种认识的不断发展，人们逐渐将这种认识物化于各种物质制品中，成为民族传统体育文化中最为活跃的部分，也成为民族传统体育文化的重要标志。具体来讲，民族传统体育的物质文化内涵包括以下几个方面。

（一）民族传统体育的文献典籍

文字的出现推动了人类文明的发展。对于民族传统体育而言，它产生于人们的生产生活、娱乐、军事、祭祀之中，并通过人与人之间、世世代代的传播而延续、保留至今。其中，文字在民族传统体育的传承过程中起到了非常关键的作用，各种文献典籍中记载了很多民族传统体育项目。只有对其进行挖掘与整理、传承与发展，才能使其重新绽放光彩，回到历史舞台中间。

关于民族传统体育的文献典籍有很多种。例如，在《周礼》中就有关于乐舞和射、御的最早的考核内容。《礼记·月令》中记载："天子乃教于田猎，以习五戎，班马政。""五戎"即弓矢、殳、矛、戈、戟五种兵器。"马政"即驭马驾车的技术。《汉书·艺文志》记载了《手搏》6篇，《剑道》38篇，以及《射法》等与军事有关的著作。《战国策·齐策》记载："临淄甚富而实，其民无不吹竽鼓瑟击筑，弹琴，斗鸡走犬，六博蹴鞠者。"《蹴鞠二十五篇》可以说是一部关于蹴鞠竞赛与训练的专著。东汉李尤的《鞠城铭》就竞赛的场地、规则等方面给予了详细的记载与论述。《黄帝内经》内容丰富，论述全面，奠定了古代养生学的理论基础。《汉书·艺文志》中有《黄帝杂子步引》《黄帝岐伯按摩经》等关于西汉以前的导引著录。齐梁间产生的《马槊谱》《马射谱》《骑马都格》《幻真先生服内元气诀》，陶弘景的《养性延命录》，孙思邈的《千金要方》《千金翼方》《保生铭》等都是重要的民族传统体育文化典籍。明代汪云程的《蹴鞠图谱》是我国古代关于蹴鞠活动较完备的教科书，囊括竞赛规则、技术名称、技术要领、场地器材、球戏术语等蹴鞠活动的全部内容。在传统体育养生学方面，宋代以后专著较多，如宋代官修的《圣济总录》，明代的《寿世保元》《摄生三要》《养生四要》，清代的《勿药元诠》《寿世青编》等。

到了近现代时期，与民族传统体育相关的文献典籍变得更加丰富，主要包括图谱、秘籍、专著、论文、史料、地方志等多种形式，这些都是研究民族传统体育的宝贵资料。《中华民族传统体育志》是一部有关各民族体育的大百科全书。该书挖掘、收集、整理民族传统体育项目977条，内容包括古代已有的，现代仍流传或已失传的，有文字记载的，或只有口头传说的，涉及武术、棋类、气功、文娱等几大门类。书中对每一个民族传统体育项目都有详细的介绍，从起源、流传到规则、成绩记录、重要人物等都有介绍。

（二）民族传统体育的器材与器械

我国的民族传统体育项目众多，有时需要借助一定的器材和器械才能顺利进行相关动作。例如，刀、枪、箭等器械都是在人们的生产劳动过程中创造出来的，之后又经历了不断改进才逐渐发展和完善起来。民族传统体育运动器材、器械设备等是重要的文化创造，是我国古代劳动人民汗水与智慧的结晶。

龙舟竞渡中的龙舟就是民族传统体育器材中非常具有代表性的一种。赛龙舟是端午节期间进行的一种民俗体育活动，古文献《穆天子传》中有关于龙舟的最早记载。相传周穆王时就已经出现了龙舟，这比屈原投江的时间早600多年。龙舟主要由三部分组成，即船体、龙头与龙尾，另外还有各种装饰与锣鼓等。一般的龙舟船体为菱形，两头窄，中间宽。宽窄一般在1～1.2米，个别的宽1.4米。船的长度差距较大，短的约10米，长的有30多米。龙头大多用整木雕成，竞渡前才装上。各地的龙头各异：广州西江"鸡公头"龙舟龙头长1米左右，小而上翘，大多为红色，称为"红龙"，也有的涂为黑、灰色，称"黑龙""灰龙"；广州东江"大头狗"龙舟龙头的龙颈很短，龙头很大；湖南汨罗市的龙头，短颈，上唇部夸张地向上高翘伸起；贵州清水江苗族制作的龙头，用20～30米长的水柳木雕刻而成，重为50～100千克，上涂金、银、红、绿、白各色，龙头昂首向天，头上有一对弯弯的龙角，酷似水牛角，龙颈上还有10多个木齿；贵州施秉县小河村制作的龙头，长2米多，鼻孔拱穿，很像牛鼻；江西高安市城区的龙头，上唇及鼻子弯卷，远远伸出，并且在龙头之下、龙舟的正前方钉有一刻有兽纹的半圆形木板；而西双版纳的龙头最大特点是在龙嘴前方伸出长长的2根或3根大象牙似的长牙。龙尾大多用整木雕成，刻满鳞甲，各地龙尾也不尽相同。龙舟的装饰是指除去龙头、龙尾以外的东西，包括旗帜、船体上的绘画，以及锣、鼓、神位等，各地差别较大，很难找出共同的、规律性的东西。例如，鹿门康帅府的三角形船尾旗，上方绣有一鹰，中部为一太阳，下方为一熊，称为鹰熊伴日旗。帅旗为长方形，每条船1～2面，一面绣有双凤，一面绣有双龙，正中绣帅字，上方绣鹿门。罗伞绣有各种图案，有的绣八仙，有的绣八仙的各种宝物。除了普通的龙舟之外，还有造型龙舟、凤船、独木舟、龙艇等很多种类，这些都很好地展现出我国劳动人民的聪明与才智。

踩高跷一般是元宵节举行的一种特色民族体育项目，高跷是民族体育项目的主要器材。高跷在唐代之前叫长跷会，清代开始称高跷。高跷活动由于表演者的双脚踏在木跷之上起舞，要比一般的人高出一截，民众需要仰着头或者站在高处进行观看，所以又被戏称为"高瞧戏"，又俗称"缚柴脚""高脚师""拐子"等。由于踩高跷具有很高的娱乐休闲性，所以它受到了广大民众的喜爱。高跷为木制品，是在刨好的光滑木棍顶部（或者中间）的适当位置钉上脚踏而成，如赣南客家的高跷结构都是由圆木棍与脚踏板两部分组成的。一种高跷是在两根直径约5厘米、长度为150～180厘米的圆木棍上，距地面高度数十厘米处各钉一块踏板制作而成，这种高跷容易保持平衡，人们做动作相对简单，容易学习掌握，在健身、娱乐、竞赛活动中很常见；另一种高跷是在两根直径约5厘米、长度数尺的圆木棍顶端分别钉上一块踏板制作而成，掌握这种类型的高跷有一定的难度，一般需要经过专业性的训练，在集会、庆典和节假日的表演活动中较为常见。踩高跷是一种喜闻乐见的休闲方式，不仅可以丰富广大民众的业余文化生活，同时还能促进民族团结。高跷制作器械简单，取材很方便，基本不受场地、环境等客观因素的影响。同时，踩高跷的运动强度也不大，极富娱乐性，因此也非常适合人们用来进行健身。

总而言之，民族传统体育的器材与器械是一种物化的文化，是民族传统体育物质文化的有机组成部分，在民族传统体育物质文化内涵中占据着非常重要的地位。

（三）与民族传统体育相关的壁画和文物

大部分民族传统体育项目都具有一定的直观性和形象性，人们在参与民族传统体育的过程中，大多时候都具备直观的动作思维。另外，民族传统体育产生的时间比较早，其来源于人们的生产生活，是对人类生产生活最原始的反映，要比语言、文字产生早得多。而在语言未产生之前，人们参加狩猎、采集等各种活动需要交流时则需要借助一定的身体语言，对其记录要借助简单的线条、人物简画。对动作、身体活动的记录大多是以图画的形式进行的，故早期的民族传统体育活动记录大都存在于各种陶瓷制品及建筑壁画中。由此可见壁画、出土文物及民族服饰等也是研究民族传统体育物质文化内涵的一个重要方面。

1953年，考古人员在西安半坡村北"半坡遗址"内发现了"石球"，表明在母系氏族社会时期人类祖先就有"石球"游戏，由此提出蹴鞠活动起源于原始社会后期。1954年，在洛阳孙旗屯文化遗址发掘出了新石器时代的石铲、石球、石饼等文物，其中有一个直径98厘米、重量约为1095克、表面光滑、经过加工、呈青黑色的石球。1997年6月，在洛阳小浪底库区发现了史前新石器时代的聚落遗址，其中出土了一个直径12厘米、重量约1140克、呈灰色的石球。1997年10月，在洛阳偃师宫殿遗址出土了一个直径为15厘米、重量约1850克、表面光滑、呈土黄色的花岩岗石球。1984年，在洛阳涧西出土了西周时期的四方体尖状物，长15厘米，是可安装在木棒上的类似现代标枪的骨器。1998年1月，在洛阳解放路的战国墓里出土了一个长27.4厘米、宽52厘米、厚11.5厘米的铜矛，矛上铸有"战国越王者旨于赐剑"字样。20世纪70年代初，云南省博物馆在江川李家山发掘出土的铜鼓,是古代滇人进行秋千活动的有力说明。1976年,广西贵县(属今贵港市)罗泊湾汉墓的1号墓出土的铜鼓则是我国龙舟竞渡起源的佐证。

李重申、李金梅等学者在《敦煌莫高石窟与角抵》一文中提出:"目前,我国对角抵的研究除文献资料外,还有相当一批出土文物待认真考引,尤其是西陲敦煌所保存的壁画和藏经洞发现的白描和幡画中,西魏第288窟、北周第290窟、五代第61窟、北周第428窟、盛唐第175窟等都有角抵的各种珍贵资料。"敦煌莫高石窟、千佛洞、榆林窟等中绘有数百幅精美的佛教故事图,绘有古人应用弓箭进行习武、竞赛、骑射、射猎的行为等。敦煌的古墓群、烽燧和古长城中出土的箭、弩等,以及古墓群的画像为我们保存了大量弓箭文化的实物和视觉资料。

上述出土的文物、发现的壁画等已成为与民族传统体育相关的珍贵史料,是我们正确认识历史、理解民族传统体育深刻内涵的最有说服力的物证。

(四)与民族传统体育相关的民族传统服饰

我国各少数民族都有自己的民族特色服饰,这些服饰中往往包含着一些特色的传统体育文化。这是因为我国大部分民族传统体育项目都与一些节日相关,在参加节日期间举办的体育项目时,人们会穿上一些独具特色的民族服饰,这在一定程度上体现了我国民族传统体育的文化内涵,展现了各民族的特色文化。

第二节 民族传统体育的精神文化内涵

一、体育精神文化概念辨析

所谓体育精神文化就是围绕和依靠体育,人们对客观世界进行改造的活动方式以及全部产物。体育精神文化可以分为以下四个部分。

一是精神世界的物质内涵和行为准则。与一般文化相比,体育精神文化的不同之处就在于它将物质文化与精神文化、制度文化紧密相连。比如,体育谚语、体育服饰、运动训练、体育选材等都属于这一层次的体育精神文化。它归属在行为文化的范畴之内,同体育制度文化和体育物质文化的区别也是非常小的。对于一件运动服装来说,我们从体育物质文化的层次,对它的质地、型号、颜色等进行品鉴;从体育精神义化的层次,注意其展示的体育民族个性、审美情趣等。在进行体育运动训练时，要注意体育物质文化，如身体运动的场面表现；要注意体育精神文化，如指导思想和训练原则。从一个角度和层面是很难将体育的物质、精神、制度文化区分清楚的，三者是紧密相连、密不可分的。

二是思想观念和理论体系。体育作为一项以改造人的身心为目的，进而促进身心全面发展的活动，需要在多个方面和不同的层次上做出科学的阐释。体育学科在体育活动的理论背景下得以产生，如体育经济学、体育史学等。这些体育学科和一些体育领域的研究都是通过书面的方式来进行展现的。体育学科专著的出版是这些体育学科发展的重要标志。

三是通过抽象的声音、色彩等表现体育精神的艺术文化。人类把握世界，既需要把握物质和精神的单一形式，同时也要对精神物化的产物进行把握。这些文化形式除了具有实实在在的物质表面外，还蕴含了人类的意志、情感和灵魂。体育活动具有直观、激烈等特点，这些特点使得它成为文艺表现的对象，如体育诗歌、体育邮票、体育歌曲等体育文艺都归属于体育精神文化的范畴。对于一幅体育漫画来说，我们可以从体育精神文化的角度，来对其所呈现出来的体育情感和思想进行探究。体育精神文化这一层面属于艺术文化的一部分。

四是通过体育改造人的主观世界的想法和打算。所有能够在体育文化中得以传承的道德规范、社会心理、审美评价、宗教信仰、文学艺术等，都属于体育精神文化，其中也包含了不同民族、不同地区的传统体育心态。从体育精神文化来说，竞技体育文化价值是其重要的内容，是在弘扬主体精神、竞争观念、民主意识、科学态度等人类基本价值观念中体现出来的。例如，亚运会的进取、拼搏、团结奋进的精神等，都是体育精神文化的精华之所在。

二、民族传统体育精神文化的特性

民族传统体育精神文化的特性表现为以下几个方面。

（一）沟通性

体育精神文化能够通过语言交流、笔录书写、阅读赏析等进行传承和保存，其目的就是加强沟通，形成精神对话。其形式是物化的产品，物化的产品是对体育主体精神和意念进行传递的媒介物。

（二）积累性

同体育物质文化相比，体育精神文化更加具有抗同化功能和凝固功能。它既具有积极的方面，同时也具有消极的方面，积极的方面是优秀的体育精神文化，对体育文化的进步起到了推进作用，消极的方面是落后的体育精神文化，对体育文化的发展具有阻碍作用。

（三）内视性

体育主体精神的内视领域是由体育的思维、感知、审美情趣、价值观念等因素共同构成的，这些因素在其中充当着体育精神内容的实体。

第三节 民族传统体育的制度文化内涵

一、体育制度文化概念辨析

制度文化是人类在物质生产过程中所形成的各种社会关系的总和。制度文化包含的内容有很多，如政治制度、经济制度、法律制度等。制度文化属于文化层次理论结构的要素之一，对于整个社会的发展以及人们的日常行为具有一定的规范与约束作用。

体育制度文化，曾有学者将其解释为："体育文化结构中的制度层面，包括体育管理机制和一些具体的政策、制度等，具有极强的权威性，可以强化和扩展与之相适应的思想观念意识，对体育文化整体具有规定性。"而在体育院校通用的教材《体育史》中，又将体育这一社会文化现象划分为三个层次：人们的体育行为与运动方式，支配、引导这些行为的观念与行为规范，以及人们为实现体育行为而形成的一定组织形式，即体育观念形态、体育运动形态以及体育组织形态。

综上，可以将体育制度文化理解为："是促进体育发展和完善的观念和组织文化，是一种具有管理特征的复合型文化。"此概念同样适用于民族传统体育的制度文化。

二、民族传统体育制度文化各阶段的内涵分析

（一）古代民族传统体育制度文化内涵

中华民族具有悠久的发展历史，中华民族传统体育的发展经历了一个产生、发展、繁荣以及衰败的过程。在整个发展过程中，中华民族的传统体育既经历了两晋、隋唐与宋代的繁荣时期，也经历了清末的衰败时期。但总体来讲，我国古代不同时期的体育制度虽然存在一定的差异，但是表现出明显的稳定性与一致性。

1. 夏—春秋时期的文化内涵

在这一发展时期,由于生产和分工的发展、文字和学校的产生、宗教制度的形成等,民族传统体育得到了一定程度的发展,并且进一步具体化了。集多种功能于一体的民族传统体育也逐渐呈现出分化趋势,具体体现在体育形式呈现出多样化特征,主要表现在军事、学校、娱乐、保健等方面,在学校教育中出现了专门的体育教学内容"射"和"御"。

2. 战国—两汉时期的文化内涵

到了战国时期,为了更好地参与战事,兵役制度开始在社会上广泛推行。经过一段时期的发展,贵族统治阶级对军事的垄断局面逐渐被打破,这也在一定程度上推动了我国军事体育的发展。另外,由于这一时期兵种的划分更加具体化,对训练的方法也提出了一定的要求,专门分类训练成为主要的训练方式,从而在很大程度上推动了军事体育的进一步发展。随着军事体育的不断发展与具体化,娱乐体育也获得了很好的发展机会,社会上逐渐出现了很多受到人们喜爱的娱乐体育项目,如蹴鞠、射箭等。

到了汉代,由于"罢黜百家,独尊儒术"政策的实行,学校体育的发展出现了停滞不前的现象,而且对具有娱乐功能的体育活动大加挞伐,从而严重影响了体育的发展。不过,汉代对于"百戏"的发展十分重视,而在"百戏"发展、兴盛的同时,我国其他各项运动形式与竞技形式开始演进,这对于体育的进一步发展是极为有利的。在这一时期,由于统治者的提倡,乐舞、行气养生术等也获得了很大的发展。

3. 魏晋—五代时期的文化内涵

我国古代体育的空前繁荣时期就是魏晋南北朝、隋唐至五代这一历史时期。古代体育之所以在这一时期获得了快速的发展,主要是这一时期各个朝代都废除了阻碍体育发展的制度,同时还实行了一系列推动体育进一步发展的相关措施,从而在很大程度上促进了体育尤其是传统武术运动的发展。

魏晋之后,传统儒学的"礼乐观"在玄学、佛学的不断冲击下受到了一定的遏制,这就为传统体育的进一步发展奠定了重要的思想基础。

到了隋唐时期,在经济快速发展、政治稳定的社会基础上逐渐形成了全国性的传统节令活动。同时,这一时期以球戏与节令民俗活动为代表的休闲体育活动得到了迅速的发展。另外,唐代创设了武举制度,这在很大程度上促进了我国古代军事体育的发展，使社会中逐渐形成了尚武的风气，再加上出现了集音乐、舞蹈、杂技等体育、艺术于一体的综合训练机构——教坊，从而极大地促进了唐代体育的进一步发展与兴盛。

在这一历史时期，武术、养生等方面的有关理论也得到了很大的发展，从而进一步丰富了民族传统体育的内容。

4. 宋代—清代时期的文化内涵

在这一时期，由于受到宋明理学和"八股取士"制度的影响，重文轻武的风气逐渐在社会上盛行，在一定程度上影响了体育的发展与进步。尽管如此，这一时期的军事体育与学校体育还是获得了一定的发展。

在宋代，当时社会上出现了专门的军事学校——武学，并且将学习内容细化，分为理论和实践两部分，此外还实行了严格的升留级制度；在进行军官选拔时实行考试制。另外，这一时期在军队训练中实行了教法格、教头保甲制等，在构成了一个从上到下按统一规格训练的训练网的同时，对军事体育的发展起到了积极的推动作用。

武术运动在宋代以后出现了一个很好的发展势头，并形成了一个比较独立的体系。同时，消闲娱乐体育在这一历史时期也有了进一步的发展，瓦舍就是这一时期进行各种娱乐、消闲体育活动的场所。在消闲娱乐体育的冲击下，传统体育活动在自身的发展轨道上缓缓前行，无法冲破原有体系的束缚。

在宋代到清代这一历史发展时期，养生术、炼养术也逐渐成了一种运动保健与康复手段，并得到了人们广泛的认可。另外，导引术也获得了进一步发展，同时还出现了八段锦和易筋经等。

5. 古代体育制度共同的文化内涵

（1）重文轻武观念盛行

自汉朝开始，儒家思想开始取得统治地位。汉朝设立太学，取士标准发生较大的改变，官学中几乎完全排除了武艺的教学内容。学风的变化导致士风、社会风气的变化。"彬彬多文学之士""金银满籯，不如一经"，是当时社会的真实写照。学校体育一蹶不振。两汉以后，重文轻武的思想日甚一日，好文者常被父兄爱，好武者常被父兄恶。到南朝时，南朝不少贵族子弟"肤脆骨柔，不堪行步，体羸气弱，不耐寒暑，坐死仓猝者，往往而然"。北宋以后，由于宋明理学的进一步影响，重文轻武之风登峰造极，统治阶级以"八股"取之，天下学子埋头于故纸堆中，寻章摘句，皓首穷经，衣冠文士羞于武夫齿。由于整个封建社会，儒家思想始终居主导地位，而统治者以"经学"取士的用人标准，直接阻碍和抑制了体育的发展，影响了人才的规格与标准。畸形的社会导致了畸形的人才，当时过于重视教育功能的非理性，是其体育非正常发展的根本原因。

（2）体育在传统教育的束缚下出现变形和扭曲

两汉以后，儒学大师总是企图用儒家的"礼乐观"来指导和规范人们的休闲娱乐活动，造成了"重功利，轻嬉戏"的社会思想倾向，同时也造成了重在伦理教化而忽略其余的价值倾向。这是影响体育健康发展的一个非常重要的原因。儒家学者的观点是，体育是成德成圣，完成圆善的手段，不能任其发展，更不能脱离"礼乐观"。如射礼，要求射者"内志正，外体直，持弓矢审固，而后可以言中"。唐代木射，将"仁、义、礼、智、信、温、良、恭、俭、让"作为取胜标记。司马光的《投壶新格》明确提出："夫投壶者，不使之过，亦不使之不及，所以为中也；不使之偏颇流散，所以为正也。"《蹴鞠图谱》中曾言道，踢球应以"仁"为主。西周的射礼，不但有大射、燕射、宾射、乡射之分，而且对同属统治阶层而不同等级、身份的人，使用的箭靶、弓箭、伴奏乐曲等都有严格的规定。更甚者，被统治者不能随意进行体育活动，由此可见，体育活动被打上了等级的烙印。"秋"大典，根据礼制规定，在围猎的最后阶段。辽、宋、金、元、明都把打马球定为阅军的礼仪。在宋朝，规定了打马球的各种仪式：有皇帝参加的比赛，第一球一定要让皇帝打进。《丸经》上指出："捶丸虽若平等，而尊卑之序不可紊乱。"体育在封建社会由于处处受礼的束缚，其成为礼的附庸，因而这种等级性造成了中国古代体育的非竞争性。

（二）近代民族传统体育制度文化内涵

早在洋务运动时期，我国就开始了对民族传统体育的重新认识。洋务派与维新派认为，西方除了有强大军事工业外，还重视体育、全民皆兵，但这种尚武与重视体育的观念并非西方国家所独有，在我国古代就有尚武之风。出于这方面的考虑，洋务派与维新派大力提倡发扬光大我国的习武传统，以强国强民。

在近代社会，一些有志之士对民族传统体育的发展进行分析，他们认为，由于西方各国的风俗文化不同，因而其体育运动也各有自身的特点。我们应从实际情况出发来发展体育。这种观点促进了人们对民族传统体育文化的重新认识，并使体育界开始对民族传统体育做出新的评价。

随着时代的进步与发展，人们坚信不同国家的体育运动都具有其独特的特点，要想更好地发展民族传统体育，就应该从我们的实际情况出发，充分吸取其他国家的优点来促进自身发展。从根本上来说，这些新观念正是人们对民族传统体育的重新评价和再认识，也将人们对传统体育的认识与反思推向了高潮。

（三）现代民族传统体育制度文化内涵

中华人民共和国成立后，我国开始了一系列对民族传统体育的挖掘整理工作，同时民族传统体育项目逐渐向竞技对抗方向发展，进而形成了特有的民族传统体育制度文化，主要表现在以下两个方面。

1. 活动组织更加严密合理

由于民族传统体育项目众多，全国各地都组建了相应的项目协会，它们组织各地的民族传统体育活动。

2. 朝着竞技化方向发展

随着西方体育文化的进一步传入，人们在参与现代体育运动的过程中，充分地体会竞争带来的乐趣，在竞争中获得一定的成就感。现代竞技体育是在一定的规则下进行的，具有公平性的特征，契合现代社会竞争的环境，让人在比赛中锻炼心理素质，为以后的工作做好准备。民族传统体育要想可持续发展，就要符合现代体育的竞技特征，只有这样才能被世界各国人民接受。因此，建立具有竞技性和公平性的竞赛制度，是我国现代民族传统体育制度文化的发展方向。

第三章 民族传统体育教学现状

本章分为民族传统体育的发展现状、民族传统体育教学开展的现状、民族传统体育教学存在的问题三部分。

第一节 民族传统体育的发展现状

一、不同民族的民族体育发展不平衡

我国民族传统体育项目，在各民族的具体体育项目数量上表现出地区性发展不平衡。1990年出版的《中华民族传统体育志》统计，我国境内存在的民族传统体育项目达977项，其中汉族的项目数量最多。

就我国民族传统体育整体来看，虽然在众多项目中有许多项目有着类似的地方，还有一些项目的属性尚无法界定，尚有许多边远地区未在走访发现的范围之内，再加上历史、社会、文化等种种因素的影响，使得这一数字并非绝对准确。但是，从现有数据上可以推断出，在我国民族传统体育项目中，汉族的体育项目多，其他少数民族的民族传统体育项目少。

因此，简单来说，从区域范围来讲，汉族聚集的地区，民族传统体育项目和文化形式多；少数民族聚集地区，民族传统体育项目和文化形式较少。

二、不同经济区域的民族体育发展不平衡

经济基础决定上层建筑，民族传统体育文化属于精神层面的文化，属于上层建筑部分，受经济因素的制约。

经济的发展对文化的产生、发展具有重要的影响作用。具体表现在以下几个方面。

首先，经济生产方式的不同，决定了在此基础上产生的民族传统体育文化内

容和形式不同。例如，我国北方地区地域广阔，地形主要为高原和平原，气候普遍少雨、冬季寒冷、夏季凉爽，因此北方民族以农耕文明为主，在此基础上产生的民族传统体育多与农业生产有关，而西北地区少数民族以畜牧业为主，因此，民族传统体育多围绕畜牧业生产活动开展，出现了诸如摔跤、赛马、角力等运动。反观南方地区，地形依山傍水、气候温和，再加上多湖多水，因此其许多体育活动与水有关。民族文化的差异性是客观存在的，即使是同一民族，由于所聚居的地区差异较大也会在包括体育运动文化在内的多种风俗上表现出许多不同的地方。

其次，经济发展程度不同，民族传统体育文化的传播和影响范围也不同。民族传统体育活动的地域性的本质在于某一个民族或几个民族所处的特殊地域会给该地区所居住的民族的文化带来些许影响。地域差别较大的地区其居住的民族的文化和习俗差别也较大。这些都使得在与外来文化的和谐发展过程中各个民族都在自己文化背景基础上形成了有别于其他民族的传统体育文化与活动方式。我国古代经济落后，交通不便，因此各民族传统体育的民族性更加明显，经济发达地区的文化逐渐向不发达地区输出，因此，经济发达地区的民族传统体育的影响范围就更大，在现代社会仍是如此。我国经济发达地区的汉民族文化要比其他少数民族的民族文化传播范围更广、影响力更大。

最后，地区经济发展影响教育事业的开展，这一点在民族传统体育文化的研究中经常被忽略。只有在经济发展能满足基本需求的基础上，人们才会进一步考虑发展教育事业，推广和传承民族文化。与东部沿海等地区相比，我国西部少数民族地区的经济发展落后，民族传统体育教育发展也相对落后。我国东部与西部地区仍然存在着一定的差距。近年来，我国的教育事业取得了一定的成绩，民族地区以及西部等地区的教育得到了较大的发展，并在一定程度上促进了本地区的发展。

需要特别指出的是，我国民族传统体育是从原始社会和奴隶社会发展而来的，一些民族传统体育所依赖的广大农村地区和民族地区的经济、文化较为落后，受此影响，仍然有一些民族传统体育项目无法摆脱原生形态或次原生形态的深刻烙印，至今还带有浓郁的文娱色彩，并与舞蹈、杂技、祭祀等混为一体。

第二节　民族传统体育教学开展的现状

一、民族传统体育教材现状

教材是体育运动教学的内容体现，也是开展教学工作的依据。通过对我国民族传统体育类教材的调查研究发现，相关体育教材的来源主要有统编教材、本校自编教材、统编和自编教材相结合、教师自行掌握（无统一要求）四种情况。其中本校自编教材和由教师自行掌握的教材都会使教学具有很多不确定性和非标准性，显然这不利于相关学科教学的开展。

调查显示，在设有民族传统体育项目的60所学校中，有56.7%的学校选择的教材是自编或与他校的合编教材，30%的学校会使用自编教材。一般来讲，使用自编教材的学校规模较大，办学时间较长，师资力量较为雄厚，有条件和实力结合本校的教学特点和所设课程内容编写出较高质量的符合教学实际的教材，如北京大学、南开大学、天津大学、中央民族大学、海南大学、广西民族大学等。学校无统一教材，教师自行掌握教学内容的学校占调查学校总数的25%。

另据调查显示，目前我国开展民族传统体育教学的学校的教材内容绝大多数以"大学体育""大学体育教程""大学体育与健康""大学理论教程""体育与健康"等命名，这类教材大多是在学校体育的总框架中编写而成的，内容涉及田径、球类、体操、健美操、武术等主要体育运动项目，知识范围广，综合性较强，但民族传统体育教学内容非常少。该类教材虽然对于学校体育教学教材在体例和内容上有新的突破，理论上满足了高校民族传统体育教育理念和课程改革的需要，但是仍然存在许多问题，具体如下。

（1）涉及的民族传统体育运动仅有武术或仅以武术为主，缺乏其他运动和学练方法的介绍。

（2）在套路内容上总是围绕初级剑、初级刀和简化太极拳等常见项目。

（3）武术理论内容较为陈旧且缺乏更新的观点，未能突破体育教育专业武术学科的理论内容。

（4）教材中涉及的民族传统体育项目教学方法和教学指导方式单一、枯燥，缺少健身性、娱乐性、趣味性较强的民族传统体育项目练习方法。如此较难调动学生对此学科的积极性，使学生不愿看教材，不想学该运动。

因此，民族传统体育运动的教材不能长期保持这种状态，而是要随着相关理论的创新与时俱进，多参考学生对学科教学的意见。尤其是对于认知能力和理论层次较高的大学生来讲，理论内容显得滞后，这与增强学生的民族体育意识、养成锻炼习惯、提高民族传统体育锻炼能力以及高校传承民族体育文化的目的存在较大的差距。

二、民族传统体育教学内容现状

通过调查发现，几乎所有学校开展的民族传统体育教学中都不缺少武术。武术作为我国民族传统体育运动的代表在国际上有极高的知名度，而且在强身健体方面也有独到之处。因此，在高校民族传统体育的教学内容中包含武术的内容是合情合理的。但问题是，武术课程几乎成了民族传统体育教育的全部，以至于让人有民族传统体育等同于武术的错觉。教学内容过于单一，值得有关部门思考。另外，部分高校的民族传统体育教学目前还处于初级阶段，开展项目还比较少，相关师资力量较为匮乏，还有一些高校只是开设了民族传统体育、体育养生学等理论课程，还没有开设民族传统体育实践课。

在经调查的开设了民族传统体育项目的学校中，武术类项目的教学占绝大多数，就当前我国高校民族传统体育的教学内容分类而言，大体可以分为以下几类，即武术类、养生功法类、民俗体育类和民族体育类。调查发现，目前民族传统体育课出现的民族传统体育项目共计 42 项。其中，武术类 18 项，占民族传统体育课开设总项目数的 42.8%；养生功法类 2 项，占民族传统体育课开设总项目数的 4.8%；民俗体育类 5 项，占民族传统体育课开设总项目数的 11.9%；民族体育类 17 项，占民族传统体育课开设总项目数的 40.5%。

如果对我国高校民族传统体育的教学内容进行归类，大体可以分为武术类、保健气功类、民俗体育类和少数民族体育类。由此可以看出，并非我国民族传统体育项目较少，而是我们没有引起重视，因此在未来的发展中应该注重教学内容的全面性，广泛涉及、平衡发展。

总体来看，我国民族传统体育教学内容呈现出以下两个特点。

首先，武术类项目是民族传统体育教学的主体，其他民族传统体育项目的教学不够普及和完善。

其次，一些学校开设的武术类项目的教学内容陈旧、专业性强，即便是学生感兴趣，但是因可操作性差而使该类课程开设后选课的学生较少，不能成班，一些项目的教学面临停课。学校在开展民族传统体育教学的过程中，体育教师对每一个运动项目的名称、特点以及学习目标、技术分析、动作要点等内容的研究不够深入，教学内容没有凸显出实用性、民族性、趣味性和科学性。

三、民族传统体育师资队伍现状

在民族传统体育得不到重视的背景下，自然就鲜有教师专门从事这项运动的研究和专门性的教学工作，而专门任教此类运动的教师在学校中又得不到重视，无法得到重视就使得愿意从事民族传统体育教学的专业教师越来越少，如此，恶性循环。自2001年推行新课程改革以后，我国高校体育课改变了以往公共课式的教学模式，选择性教学应运而生。由于多数学校的民族传统体育教学处于起步阶段，因此专业的师资力量较为匮乏，其授课教师的授课内容也几乎以武术为主。具体而言，民族传统体育师资队伍的现状如下。

首先，教师的教学经验不足。当前高校民族传统体育教学的授课教师缺乏足够的实践教学经验。

其次，教师的专业性不强。当前高校民族传统体育教学的授课教师大多是以武术专业为主的教师，还有很多授课教师是从其他专业项目调剂过来的。通过对广东各校的调查发现，在从事民族传统体育项目教学的教师中，专业教师的比例为42.8%，而57.2%为非专业教师。一项对宁波12所学校的调查显示，在从事民族传统体育项目教学的教师中，只有15位民族传统体育专业的体育教师，有20%授课教师在工作后才开始接触民族传统体育项目。

四、民族传统体育课程设置现状

现阶段，民族传统体育是我国学校体育教学的重要内容。通过教育传承也是促进我国民族传统体育文化传承的一个有效途径，而且，民族传统体育本身具有的民族性、健身性、娱乐性等特征都与学校体育所追求的目标相吻合，特别是民族传统体育弘扬民族文化的内容更是我国教育所提倡的内容。因此，必须重视各级各类学校的民族传统体育课程的开展。

但是，就实际教学情况来看，我国高校涉及民族传统体育的课程较少。就全国范围学校体育教育来讲，一些学校不够重视我国民族传统体育项目的教学，课程设置多以选修课为主，课程多设置在大学第二学年，且课时较少。

即使是在开展了民族传统体育项目的学校，开设民族传统体育课程更多是为了满足教学的需要，课程开展流于形式。

五、民族传统体育场地设施现状

大多数民族传统体育项目对于场地和器材的要求都不是很高，即便是需要一些器材也都是较为简单的，如毽球、跳绳、武术、拔河等，场地要求更是简单，一片空旷的室外或室内场地即可。正因如此，学校在建设体育场所时往往忽略对民族传统体育场地这一重要硬件设施的完善。实际上，民族传统体育中的很多项目有蹦跳、翻滚的动作，所以为了保证教学的安全性，学校应该有针对性地购置适当的运动器材并完善运动场所，如购置足够大的可移动的海绵垫、大面积可卷曲移动的便携式地胶等。我国民族传统体育教学中体育场地建设落后，具体表现在如下两方面。一方面，我国民族传统体育项目器械相对简单，对场地没有特殊的要求。另一方面，学校教育资金有限，对体育教育的投资较少，尤其是对竞技类民族传统体育项目的投资力度不大。因此，学校忽略了对民族传统体育场地这一重要硬件设施的完善。

第三节 民族传统体育教学存在的问题

一、改革目标不明确

目前，我国正处于社会主义市场经济体制新时期，尽管我国学校体育教育有了一定的发展成效，但还有一些问题需要进一步完善，与当前社会经济体制的改革还不相适应。我国学校民族传统体育教学缺乏较为明确的改革目标，以运动技术为中心的旧课程体系仍占主导地位是其主要表现。

现阶段，我国学校教育的最终目的是全面提高学生的素质，具体来讲，素质教育的重点是树立学生的终身体育观念，培养学生具备高尚的体育道德情操与一专多能的业务能力，并且使学生的健身意识不断增强，同时，使其学会掌握科学锻炼身体的方法和技巧，充分发展个性，进一步开发智力，从而达到促进学生全面发展的目的。

学校民族传统体育是我国民族文化和传统体育的重要组成部分，对学生的素质教育具有非常重要的促进作用。当前，在学校民族传统体育教学改革中，存在着一些没有得到较好解决的问题，主要有以下几个方面：①教学改革目标仍然没有与具体操作的内容结合起来；②以运动技术为中心的旧课程体系仍然存在；③

以体育与健康强身育人、弘扬民族文化的传统体育没有得到重视，也没有被纳入学校体育教学内容。

由此可以看出，要想达到学生学有所用，真正实现我国民族传统体育教学与现阶段社会对学生的更高要求相结合，实现学有所教、学有所用，还有很长一段路要走。

二、教学模式单一化

当前，大多数高校民族传统体育教学采用示范型教学模式，主要就是教师进行示范教学，学生模仿教师的行为。在学校教育发展初期，示范型教学模式是必不可少的，而且具有先进性，它不仅有利于教师开展教学工作，而且可以保证学生较快地掌握民族传统体育运动的基础知识及技能。

随着社会的发展和学校教育的不断改革，示范型教学模式已经不能满足现代体育教学的需求。单纯地靠讲解和示范不能够使学生明确认知技术动作的本质，而且容易形成动作定型，造成学生动作不规范，这样就大大降低了学生的学习效率，难以实现在一个学习周期中完全掌握技术动作的学习目标。教学模式单一会挫伤学生的学习兴趣，使学生被动地学习民族传统体育，不能很好地传承民族体育文化。

三、教学经费投入有限

学校民族传统体育是我国国民体育的重要基础，是促进学生形成终身体育意识和终身体育锻炼的重要手段，因此受到了党和国家以及有关教育部门的高度重视。教育部和国家体育总局等部门先后出台了多项关于民族传统体育发展的政策，这在一定程度上对促进我国学校民族传统体育教学工作的开展起到了积极的推动作用。实际调查研究表明，现阶段我国各界对学校民族传统体育教学的支持大多停留在理论上，缺乏具体的实施。

与世界上的发达国家相比，我国目前对学校教育的资金投入有限，对学校体育场地、设施、器材等的建设的经费投入存在着严重不足。在一些学校，推进学校民族传统体育教学只是一句空洞口号，学校民族传统体育缺乏专门的场地、没有专业的教学器材和设备，民族传统体育只是作为课外活动来进行。从根本上来讲，我国学校民族传统体育教学仍然没有得到应有的重视。

四、竞赛开展情况不佳

在学校民族传统体育竞赛方面，除个别项目外，其大部分项目都存在着各种各样的问题，如器材不规范、标准不统一、竞赛制度不健全、规则不严密等，这在一定程度上影响了民族传统体育竞赛在学校的开展。

据调查，广东省官方开展的各级、各类体育竞赛主要以西方竞技体育项目为主，包括足球、篮球、排球、游泳等项目的比赛，其示范和激励效能使个别学校仅热衷于开展对应的比赛项目。除此以外，省内各民族传统体育项目的单项比赛或校内、校际的比赛太少，未能发挥出应有的示范效应，致使师生缺乏参与民族传统体育运动的积极性，造成广东各学校民族传统体育教学的开展并不乐观。接受调查的 12 所学校校内年度竞赛计划中均会开展以西方竞技体育项目为主的多项比赛，而开展民族传统体育项目比赛的学校仅有 4 所。

第四章 民族传统体育教学理论思考

本章分为民族传统体育教学的基本原则、民族传统体育教学的基本方法、民族传统体育教学的课堂组织与实施、民族传统体育教学的比赛组织与实施四部分。

第一节 民族传统体育教学的基本原则

一、一般教学原则

（一）全面性原则

全面性原则是指民族传统体育的教学应有助于增强学生体质并促进其全面发展。在民族传统体育教学过程中，教师应充分了解每一个学生的身体、心理和智力水平，促使全体学生在智力、能力、心理素质、美育（感）诸方面都获得良好的发展。

在民族传统体育教学过程中，遵循全面性原则应做到以下几点。

一是树立现代体育教学价值观念，用现代体育教学价值观去评价民族传统体育教学的质量。具体来说，民族传统体育的教学不仅要具有生物学价值（改变学生的生物学特征），还要具有教育学、社会学、心理学、美学等价值。

二是增强学生体质，重视学生的长期发展。民族传统体育的教学应为使学生精力充沛顺利完成各项任务的近期效益而服务，同时重视对学生进行终身体育教育，为延年益寿和提高中华民族素质的长期效益而服务。具体来说，民族传统体育教学应使学生身体各个部分、各种运动能力、身体素质及生理机能都得到协调发展。并在此基础上，结合体育教学，从心理学、美学和社会学等方面，培养社会主义现代化建设人才。

三是各项教学工作计划的制订应以保证学生身体的全面发展为根本依据，教师在编写教案时尤其要注意这点。

四是在民族传统体育教学的准备、实施、复习与评价等阶段中，通过制定教学任务、选择教学内容和运用各种教学方法，促进学生的全面发展。

（二）直观性原则

直观性原则是指在民族传统体育教学过程中，教师应遵循体育运动规律和教学特点，充分利用现代多种教学设备开展教学活动，以使学生能够更加生动形象地获得表象，通过正确示范和广泛运用直观教学手段促进学生掌握体育运动的知识和技能。

在民族传统体育教学过程中，遵循直观性原则应做到以下几点。

一是讲解要准确。教师准确的讲解有助于学生科学认识民族传统体育的相关知识、技能和运动规律。准确的讲解是科学教学的前提和基础。

二是示范要正确。直观性原则要求，在体育教学中，教师正确的示范具有重要的作用。在教学实践中，教师应充分利用动作声像教材的演示特点和作用，加深学生的直观印象。

三是重点要突出。民族传统体育教学的直观性原则，要求教师突出教学重点，让学生知道看什么和如何看。

四是开展引导式教学。体育教学相对于其他学科有着更多方面的内容需要教授给学生，它不是一种简单的教学，学生要想掌握体育运动的本质与全貌，就必须从感知进入思维进而做到理解，而不能仅仅是表面上的模仿。

因此，教师在民族传统体育教学活动中运用直观手段和方法进行教学时，还应设立一些开放式的提问，或在每节课前根据本节课程要讲的内容设问，以此诱使学生进行更多的思考，透过现象了解动作技术的特点和有关联系，弄清动作的技术结构、技术关键和完成方法与要领，并最终掌握该动作或技能。

（三）自觉性原则

学生是学习的主体，能否尽快掌握体育运动理论和技术更多的在于其对这项运动学习的主观能动性。因此，在教学中应遵守自觉性原则，这也就是要求在民族传统体育教学活动中，教师应正确引导学生，激发学生学习的积极性和主动性，使学生能自觉积极地完成学习任务。

为使教学活动获得更好的效果，遵循自觉性原则还应做到以下几点。

一是明确学生的学习目的。在教学之初，教师应对学生进行学习目的的教育，使学生认识民族传统体育在健身、竞赛等方面的意义，增强学生学习的自觉性和积极性。教师应使学生充分理解民族传统体育教学的目的、任务、要求以及考核等相关内容。在每次课开始，教师应使学生明确本课的任务、内容、要求等，使学生在整个学习过程中能有目的地进行学习。

二是培养学生的学习兴趣。在教学中重视对学生学习兴趣的培养是体育教学工作的基本要求。实践证明，学生对学习有兴趣，就会努力克服各种困难，认真研究，自觉练习，不断提高。在民族传统体育教学的各个阶段，教师应根据学生的实际情况，提出切实可行的要求，使学生通过一定的努力能够完成学习任务、达到学习目标，使学生能不断看到自己的进步，学会自我思考、自我控制和主动学习。

三是了解学生的学习心理。在民族传统教学过程中，教师要正确了解和把握学生心理活动的规律，及时对学生在教学过程中出现的不良心理现象进行分析和解决，引导学生科学学习和不断提高。在教学实践中，教师应全面了解学生的实际情况，因人而异、对症下药。

四是发挥教师的主导作用。教师在教学活动中具有主导性作用，在教学中遵循自觉性原则要求教师积极发挥主导作用。在教学活动中，教师的一举一动都对学生有着深远的影响。因此，教师应热爱自己的工作，注意自己的言行举止，在教学工作中精益求精，上课时精神振作，口令清晰洪亮，手势清楚大方，讲解生动易懂，还应努力提高示范的质量，通过准确、优美、轻松、自如的动作示范，激发学生的学习兴趣。同时，教师还应重视良好的师生关系的建立，营造和谐的教学氛围。

（四）实效性原则

实效性原则是指在民族传统体育教学中制定教学任务、教学要求时要从客观实际情况和对学生身体健康有益的角度出发。实效性原则力求符合学生的年龄特点，同时充分考虑本校的场地、器材、设备等特点，合理安排教学。

在民族传统体育教学过程中，遵循实效性原则应做到以下几点。

一是充分了解学生。学生与专业运动员不同，他们大多数没有接受过体育运动的系统训练，因此，他们的身体素质存在着或多或少的差异。在民族传统教学活动中，教师应充分考虑学生的一般性和特殊性，做到一般要求和个别对待相结合，既要掌握教学班的一般情况，又要了解学生的个体特点，通过各种途径和方法切实掌握学生的情况，以便于因人施教。

二是合理安排运动负荷。合理安排运动负荷是促进学生提高运动能力的需要。体育教学的主要特征是身体练习，在民族传统体育教学过程中，学生是在不断承受和适应运动负荷的情况下逐渐学习和掌握各种体育技能的。合理的运动负荷对提高身体素质和机体各方面功能都有着促进作用，而对于个人身体情况来说，过大的负荷不仅不能起到健身的效果，反而会给身体带来伤害，而过小的负荷又不能起到锻炼身体的效果。因此，运动负荷的安排要合理，要与学生的性别、年龄、机体承受能力等相符。

（五）渐进性原则

渐进性原则是指民族传统体育教学应遵循学生的认知规律、动作技能的形成规律等，正确安排教学内容和运动负荷，教学过程和方法应由简到繁、由易到难，逐步深化，使学生系统地学习、掌握知识、技术和技能。

在民族传统体育教学过程中，遵循渐进性原则应做到以下几点。

一是教学文件的制订应系统。教学文件是进行民族传统体育教学的辅助性教学准备，主要包括课程教学大纲、学期教学进度、课时计划等。可行的、完整的教学文件是民族传统体育教学工作系统、有序地进行的保证。

二是教学内容的安排应合理。在民族传统体育教学过程中，教师应认真研究教材，了解教材的系统性，把握各项教材和各个运动项目以及同一运动项目不同运动技能之间的关系，以便在编制教学文件时，使每次课的教学内容能前后衔接、符合逻辑。

三是教学方法的运用应有效。教师对体育教学方法的选择和使用应利于学生的学习和掌握。各种教学方法的应用应有助于促进学生由易到难、由浅入深地进行学习和逐步提高。

四是运动负荷的提高应科学。教师在民族传统体育的教学中，应逐步提高运动负荷，一次课的运动负荷应从小到大，逐步上升，并保持在一定水平上，让学生的身体机能逐步适应运动。在一个季度或一个学期的教学中，运动负荷的安排也要遵循渐进性原则，以增强学生的体质和提高其运动能力。

（六）巩固性原则

在民族传统体育的教学过程中，为使学生较好地掌握相关运动技术，获得逐步提高和完善，建立正确的动作定型，就需要坚持巩固性原则，经过多次的反复练习。当练习次数累积到一定程度后，就会形成一种固定的条件反射，使学生完全掌握技术动作，在此基础上再不断巩固所学知识和技能，最终实现增强体质、全面发展的运动目的。

在民族传统体育教学过程中，遵循巩固性原则应做到以下几点。

一是增加练习次数。增加练习次数的方法主要是组织学生进行经常性、反复性的练习。在民族传统体育教学过程中，当学生初步掌握动作后，就应组织学生进行大量的练习，使学生逐步形成正确的动力定型。需要说明的是，这里所讲的反复练习并非简单重复，而是指教师在组织学生进行练习的过程中要不断对学生提出新的、更高的要求，并经常进行技术评定，使学生看到自己的进步和不足，从而提高运动技能。

二是改变练习条件。改变练习条件，逐步提高练习的难度。在民族传统体育教学中，适当地改变练习条件，不仅可以检查学生掌握技能的熟练程度，使学生的运动技能得到更好的发展，还可以丰富教学手段，提高学生学习的新鲜感和积极性。

（七）趣味性原则

对于体育教学来讲，不同于其他学科教学之处还在于体育教学的趣味性和娱乐性。体育课应该是在较为宽松的氛围下进行的，这种理念也是培养和激发学生对体育运动感兴趣，使他们乐于参加体育活动的一大因素。兴趣是最好的老师，只有学生对所学的教学内容产生兴趣，他们才能认真地思考和全身心地投入，才会逐渐形成运动的习惯。

二、专项教学原则

（一）地域性原则

由于我国是多民族国家，且这些民族分布在我国广阔的国土上，这就让一些民族传统体育项目拥有明显的地域性特点。这些特点使得不同项目之间存在着较大的差异。因此，在民族传统体育项目的选择中，相关部门应尽量本着因地制宜的原则，以本地区民族传统体育项目为主，充分发挥本地师资力量优势。在此基础上，再根据需要不断拓展其他民族传统体育项目教学，使学生更加广泛地了解和掌握我国民族传统体育知识和技能。

（二）创新性原则

创新是事物发展的根本推动力，一味固守成规只会让事物最终走向消亡。因此，民族传统体育教学的创新性原则是必须遵守的原则之一。但应注意的是，在创新的过程中应保持民族传统体育运动中的原有风格特点，保留蕴含民族意识和民族情感的内容，同时防止过度创新而脱离原本的民族特色。这样的创新才能显得更加合理、更加科学和更加规范。

三、兼收并蓄原则

民族传统体育教学可以吸收很多传统教学方法中的优秀成分。这主要体现在两个方面。

一是相近学科的成功教学方法可以被民族传统体育教学借鉴和使用，如武术项目中的悟性教学方法可以充分激发学生的潜能，帮助学生深入领会技术。因此，教师可以针对技巧型的项目，鼓励学生积极动脑，从而提高技术。

二是其他学科成功的教学经验也可以被民族传统体育教学借鉴和使用，如学导式教学方法主要是先让学生进行自学，并进行自我总结，然后通过教师的指导进一步加深理解。这种方法有助于培养和提高学生的学习能力，为学生自主学习民族传统体育新知识和新技能奠定基础。

四、人才培养原则

源源不断的人才涌现是一项事物得以可持续发展的基本动力，对于我国民族传统体育教学的发展来讲也是如此。

在现代民族传统体育教学过程中，学校教育无疑是培养民族传统体育人才的最主要场所，通过学校教育来培养民族传统体育方面的人才是十分必要和有效。因此，在相关教学活动中，教师应重视对学生进行相对系统的民族传统体育知识、技术和技能的全面教育，使学生成为民族传统体育方面的通才，并根据学生的具体情况有意识地发挥其技术特长，使之成为某一民族传统体育项目的精英。

第二节 民族传统体育教学的基本方法

一、语言法

在民族传统体育教学中，语言法是指运用各种形式的语言指导学生掌握学习内容并进行练习的方法。语言法的优点是能同时向许多学生传递有关信息。正确运用语言法能启发学生的思维，使学生形成正确的认知，促进学生运动技能的形成，培养学生分析问题与解决问题的能力，激发学生学习锻炼的积极性，活跃课堂气氛，融洽师生关系。语言法包括讲解法、口令与指示、口头评价与口头汇报、默念与自我暗示。

（一）讲解法

讲解法是民族传统体育教学工作中运用语言法的一种最普遍的形式，它指的是教师将教学的任务、内容、要求、动作名称、动作要领等用语言向学生说明的一种教学方法。讲解法在理论教学、思想教育和技术教学中都起着重要的作用。在实际教学中，教师运用语言启发学生积极思维，加深对教材内容的理解，是促进学生对技术、技能掌握的基本方法。讲解的科学性和艺术性非常重要，在很大程度上影响着教学效果，是教师教学水平的一个重要标志。在教学过程中不断进行经验总结、在语言表达上精益求精是教师需要做的工作。在讲解法的运用中，以下几点需要注意。

（1）讲解要明确目的。在民族传统体育教学中，教师的讲解必须根据教学目标、教学内容、学生特点具体选择讲解内容、讲解方式、讲解的速度、讲解的语气，抓住重点与难点，有目的、有针对性地进行讲解。

（2）讲解要有系统性和逻辑性。这要求在民族传统体育教学中，教师讲解的内容必须科学、全面、完整，注重新旧知识的有机联系。教学大纲的要求和教材的特点以及学生的认知规律都是讲解法运用时需要考虑的因素，讲解时要从简到繁、由浅入深。技术动作讲解要注意顺序性，一般按照动作形式—用力顺序—动作幅度、衔接和速度—原理依据—动作节奏等顺序进行。此外，讲解时动作的过程、身体各个部分的位置、运动方式以及身体与器械的关系等还必须用专业术语来描述。

（3）讲解要具有启发性。这要求教师在讲解民族传统体育时，运用的语言要具有启发性，让学生在分析问题时充分利用自身的知识和经验，自觉地发现并改正技术中存在的错误，使其对技术动作的理解得到加深，自觉学习的积极性得到调动。在提问时，教师的语言要深入浅出，从而使学生对技术要求知其然并知其所以然，产生事半功倍的效果。

（4）讲解要简明生动。民族传统体育运动技术具有鲜明的动作性，教师要善于借助学生在生活中已经接触过的事物或已经学过的运动技术，与所学运动技术产生联系，帮助学生更好地理解动作。另外，在运动技能教学中，要抓住重点，简洁明了地讲解所学内容。

（5）要注意讲解的时机和效果。在民族传统体育教学中，教师运用讲解法时还要把握住有利时机，只有抓住最有利的讲解时机，才能最大限度地帮助学生快速准确地掌握动作要领。在刚学习某一民族传统体育项目的动作时，应该详细讲解分析技术的动作要点，因为此时学生对技术还不了解。等学生基本掌握了技术后，则应以精讲为主，讲解要针对错误动作进行，留更多的时间让学生自己去练习和改正错误。细致观察和准确分析是教师把握讲解时机必备的素质，抓住了问题所在，并及时加以讲解，自然会有好的效果。

（6）讲解要与示范结合。示范主要展示动作的外部形象，讲解则能反映技术的内在要求，讲解和示范是相互补充的。正确的动作示范配以生动形象的讲解，能够引导学生把直观感觉和理性思维很好地结合起来，产生更好的教学效果。

（二）口令与指示

口令是有一定的形式和顺序，有确定的内容，并以命令的方式指导学生活动的语言方式，如队列队形练习、基本体操、队伍调动等需要运用相应的口令。口令的运用应做到洪亮、准确、清晰、及时，并注意根据人数、队形、内容、对象等特点控制声音的大小、节奏的快慢等。

指示是指运用比较简明的语言，组织指导学生活动的语言方式。口头指示一是在组织教学中运用，如布置场地、收拾器材；二是学生在练习时未能意识到的、关键的动作用简洁的语言提示出来，口头指示应准确、及时、简洁，尽量用正面词。

（三）口头评价与口头汇报

口头评价指在民族传统体育教学过程中，教师按一定的标准、要求，口头给学生进行一定评价的方法。口头评价运用很广泛，是教师对学生掌握知识、技术、技能的情况和思想作风等方面表现的一种反馈。在运用口头评价时应注意：坚持以正面鼓励评价为主；否定的评价要注意分寸与口气；要能指明努力方向，提供改进提高的方法。

口头汇报是教师要求学生根据教学目标和自身的体验简明扼要地说明自己的见解、想法的语言方式。在运用口头汇报时，应注意提问的内容、时机、方式，并在事前做好相关的准备。

（四）默念与自我暗示

默念是学生在实际练习前通过无声语言重现整个动作或动作的某些部分的过程、重点、时空特征，以提高练习效果的语言方式。自我暗示是指在练习过程中，暗自默念技术动作的关键字句，自我调控练习过程的语言方式。

二、直观法

直观法指在民族传统体育教学中,教师通过实际的演示或外力帮助,借助学生的视觉、听觉、触觉、肌肉本体感觉器官来直接感知动作的方法。常用的直观法的具体方式有动作示范、直观教具与模型演示、助力与阻力、定向与领先、电化教学等。

(一)动作示范

动作示范是民族传统体育教学中最常用的一种方法,是教师(或学生)以具体动作为范例使学生(同学)了解所要学习的动作规范、结构、要领和方法。动作示范具有简便灵活、真实感强、针对性强的优点。在高校民族传统体育教学中,教师应经常进行研究探讨,不断提高动作示范的质量。具体运用动作示范法时,应注意以下几个方面的问题。

(1)要有明确的目的。运用示范时,教师一定要有明确的目的,并注意结合教学内容、学生特点、客观条件等,选择动作示范的次数、速度、位置、方向,运用示范与讲解相结合的方式。

(2)动作示范的位置要合理。高校民族传统体育教学应根据学生队形和方位以及示范动作的技术特点及安全要求,合理而准确地选择示范位置。如果示范的位置选择不当,则会影响部分学生的观察和模仿,进而形成错误的动作概念,影响教学效果。

(3)要突出重点和难点。这要求在示范教学过程中,各技术动作的重难点及关键必须得到鲜明的展示,并以简明扼要的讲解作为辅助,使学生对动作的要点和关键的掌握更加清楚,也能顺利地解决其他问题,动作的学习也能更顺利地完成。

(4)动作示范的时间要科学。在民族传统体育教学中,何时进行动作示范可以根据教学对象和动作的难易来决定。可以先示范,后讲解,再练习;也可以先讲解,后示范,再练习;还可以先练习,再示范讲解;或者也可以边练习边讲解示范。动作示范的时机掌握应该依据不同的教学内容来选择。

(5)动作示范要准确、优美。在高校民族传统体育教学中,动作示范的准确、优美与否直接关系到教学效果的好坏。准确、优美的示范可对学生产生巨大的吸引力和诱导性,为学习创造良好的心理和生理条件,加快运动条件反射的建立。另外,示范动作必须层次清楚,基本动作、慢动作、分解动作环环相扣,循序渐进。

（6）动作示范要正误对比。教师在进行正确动作示范后，可以形象地模拟一下常见的或典型的错误动作，这样可以使学生在学习新动作时，更清楚地建立动作概念，预防错误动作的发生，在纠正错误动作时，明确自己的错误所在。通过鲜明的对比，学生对正确动作和错误动作都会有更明确的认识。

（二）直观教具与模型演示

直观教具与模型演示指利用挂图、图表、照片等直观教具所进行的一种教学方法。真人的示范往往一晃而过，而教具则可以长时间观摩，还可根据情况突出某个细微的环节，所以应充分利用图表、模型和照片等直观教具。采用该方法有助于学生建立正确的动作形象，了解技术动作的全过程。直观教具与模型演示要有明确的目的，要有适宜的演示方式，注意演示的时机，并注意与讲解示范结合运用。

（三）助力与阻力

助力与阻力是指借助于外力的帮助，使学生通过触觉和肌肉的本体感觉，体验正确的用力时机、大小、方向、时空特征，从而正确掌握动作的要领和方法。这种方法多在初学或纠正错误动作或体会某一动作细节时运用。

（四）定向与领先

定向是以相对静态的具体视觉标志，如标志物、标志线、标志点，给学生指示动作方向、幅度、轨迹、用力点等的直观教学方式。领先则是以相对动态的、超前的视听信号给学生以刺激与激励，以利于他们完成动作的直观教学方式。在运用定向与领先方法时，要根据教学内容、对象特点合理设置视觉标志。

（五）电化教学

这种教学方法是指利用电影、录像、多媒体等现代电化教学手段进行教学，是一种生动、形象、富有真实感的教学方法。看一次实际训练或比赛，往往印象不深；或看得了这个，看不了那个；注意了这方面，忽略了那方面。而电影和录像等电化教学手段却可弥补此缺点，特别是慢速电影更有它的独到之处。该方法的灵活运用，能引起学生的学习兴趣，有助于学生明确技术的进程，还可以根据教学的需要放慢动作，甚至定格，对动作进行深入的分解和剖析。

三、完整法与分解法

（一）完整法

完整法是从动作的开始到结束，不分部分和段落，完整地进行教学。其优点是能保持动作的完整性，不会破坏动作的结构和各部分之间的内在联系，便于学生完整地掌握正确的技术。完整法一般是在动作比较简单，或者动作虽然比较复杂，但难以进行分解的技术或为了不破坏动作结构时采用。运用完整法有下面几种常见的方式。

（1）直接运用：在教授一些简单、易于掌握的动作时，教师讲解示范后，学生直接进行完整动作的练习。

（2）降低难度：在完整练习时，可以降低动作技术的难度来进行练习。

（3）强调重点：在教授一些较为复杂的动作时，教师要求学生完整练习时，要注意动作学习的重点，甚至在完整练习中将某一环节单独拿出来重点学习。

（4）改变练习的外部条件：如在练习前滚翻时由高处向低处完成动作，在外力的帮助下完成完整动作。

（二）分解法

分解法是把一个完整动作的技术合理地分成几个部分，按部分逐次进行教学，最后完整地掌握动作技术。分解教学能化繁为简、化难为易，使复杂的动作变得简单明了，从而简化教学过程，增强学生学习的信心，有利于学生更快更好地掌握复杂的动作。但在高校民族传统体育教学中如果分解教学运用不当，就容易造成动作割裂，破坏动作结构的完整性，从而影响正确技术的形成。因此，在进行分解教学时，要使学生明确所划分的部分在完整动作中的位置与作用；同时还要考虑到各部分动作之间的有机联系，使动作部分的划分不致改变动作的结构。通过分解教学基本掌握所授动作之后，应适时向完整动作练习过渡，以便更快地掌握完整技术。应明确分解只是手段，完整才是目的。

四、自主学习法

（一）方法分析

自主学习又称主动性教学，是为了实现民族传统体育教学目标，学生在体育教师指导下根据自身条件和需要制定目标、选择内容、规划学习步骤，完成学习目标的体育学习模式。自主学习有利于确立学生的主体地位，激发学生学习体育的热情；有利于培养学生的体育学习能力，为终身体育奠定基础；有利于提高体育教学的学习效果。学生在体育课程中的学习效果主要不是由教师教多少决定的，而是由学生如何接受、如何学习、如何练习决定的。只有学生在体育学习中"能学""想学""会学"，体育学习才能真正取得实效。

自主学习具有能动性、独立性和创造性的特点。能动性是指学生积极学习、主动学习。掌握知识技能、探索未知、增强自身的动机是学习活动开展的基础。独立性是指独立开展体育学习活动，根据自己的体能、技能情况制定目标，选择内容，寻找方法，评价结果。创造性是指在体育学习中，学生能运用独特的思维、手段，富有独创性地探索解决体育学习问题，寻找学习知识技能、发展身体的独特方法。

（二）教学步骤

①自定目标：依据学习目标，学生恰如其分地分析评估自己的能力，充分发挥潜能，自己确定学习目标。

②自主选择学习活动与学习方法：学生运用所学到的知识和已有的经验，合理地安排和选择达到目标的具体学习活动。

③自主评价：学生能依据体育学习目标，对自己的学习状况进行观察、分析、反思，看到进步与发展，找出问题与不足。

④自我调控：对照学习目标，分析学习情况，及时调整学习目标，改进学习策略和方法，能及时恰当地"纠偏"，以促进体育学习目标的达成。

五、合作学习法

（一）方法分析

合作学习法指学生在小组或团队中为了完成共同的任务，有明确的责任分工的互助性学习的形式。合作学习有以下特点：

①小组成员之间的相互依赖：每个成员都认识到自己与小组及小组内其他成员之间是同舟共济、荣辱与共的关系，每个人都要为自己所在小组的其他同伴的学习负责。

②个人责任：小组中的每个成员都必须承担一定的责任，小组的成功取决于所有组员个人的学习。在群体活动中，如果成员没有明确的责任，就容易出现成员不参与群体活动、逃避工作的"责任扩散"现象。

③社交技能：不合作的原因往往不是学生缺乏合作的愿望，而是学生缺乏合

作的方法，即社交技能。所以，教师最好在传授专业知识的同时教学生掌握必要的社交技能。

④小组自评：为了保持小组活动的有效性，合作小组必须定期评价小组成员共同活动的情况。

⑤混合编组：在组建合作学习小组时应保证小组成员的多样性，可以激发出更多的观点，形成更深入、更全面的认识。

（二）教学步骤

①进行组内异质、组间同质的分组：根据班级的规模、场地器材、学习内容，将学生分成若干个由6～8人组成的异质合作学习小组，组与组之间同质。

②确定合作学习小组的学习目标：在体育教师的指导下，根据本单元的学习主题，由小组的全体成员共同确定学习目标。

③选择学习的具体课题，并进行组内分工：具体课题应由师生共同研究确定，具体课题的选择与进行应来源于学生的"最近发展区"。

④合作学习的具体实施：在小组长的组织下，围绕学习的主题，小组成员各司其职，各尽其能，共同完成学习任务。

⑤小组间的比较与评价：组间交流与反馈，教师和其他小组的同学进行分析；分享学习与研究的成果，纠正不足，提高学习能力。

⑥学习效果的评价：从合作技巧、合作效果、合作是否愉快、进步程度等方面对合作小组和个人进行评价，并做好记录。

六、发现式教学法

（一）方法分析

发现式教学法又称问题法，是指从学生好奇、求知等心理特点出发，以发展学生创造性思维为目标，以解决问题为中心，以结构化的教材为内容，使学生通过再发现的步骤进行学习的一种教学方法。对于学生而言，"发现并不限于寻求人类尚未知晓的东西，确切地说，它包括用自己的头脑亲自获得知识的一切方法"。

（二）教学步骤

①提出问题或创设问题的情境，使学生在这种情境中产生疑难和矛盾，按照教师提出的要求带着问题去探索。

②学生通过反复练习，掌握动作技术的基本原理。

③组织学生提出假设和通过实践进行验证，开展讨论与争辩，对动作技术的原理方法和争论的问题做出总结，得出共同的结论。

（三）需注意的问题

①教师善于提出问题，激发学生的学习热情。学生首先要有问题的意识，并能积极和善于提出问题。教师要善于创设问题情境，激发学生的学习热情。

②要因势利导，运用已知，探求未知。在运用发现式教学法时，体育教师应注意根据学生已有的知识经验和运动技能基础，提出适当的问题。

③要善于设问激疑，利用矛盾，启迪思维。体育教师要善于在学生无疑处激疑，利用体育活动中出现的各种矛盾，启发学生的思维。

④采取由简到繁、由个别到一般、由具体到抽象、步步深入的方法。

⑤要集中力量，突出重点，突破难点，消除疑点。在学生发现问题、解决问题的过程中，体育教师要引导学生抓住问题的重点。

⑥要鼓励学生标新立异。教师在教学中要留下悬念，让学生继续探索。

七、探究式学习法

（一）方法分析

探究式学习是民族传统体育教师在教学过程中引导学生在体育与健康学科领域或体育活动过程中选择和确定研究主题，创设类似于研究的情境，通过学生自主、独立地发现问题、实验、操作、调查、搜集与处理信息，表达与交流等探索活动，获得体育知识、运动技能、情感与态度的发展，特别是探索精神和创新能力的发展的学习方式。探究学习具有问题性、实践性、参与性、开放性的特点。问题性指探究学习总是从创设各种问题开始的，并以此引发学生学习的动机，使其积极参与学习活动；实践性指探究学习是学生亲身参与问题的研究，通过实践来拓展认识，加深对问题的理解；参与性指在探究学习中，每一位学生都必须实际参与到各种实验、练习、调查、搜集与处理信息、表达与交流等活动之中；开放性指在探索学习中问题的答案或解决问题的途径并不是唯一的，往往可能有多种答案或途径，对于培养学生的开放式思维具有重要的作用。

（二）教学步骤

①提出问题：体育教师应根据学生已经学习与掌握的知识理论，结合所学的具体内容为学生提出具有多种可能性的问题。

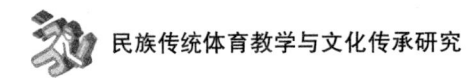

②分组讨论，提出若干假设与方案：在体育教师提出问题后，将学生分成若干个学习小组各自提出假设与解决问题的方案。

③验证方案：各组根据教师的指导与要求将假设与方案运用于体育与健康学习活动的实践中，验证假说与方案。

④评价与提高：在小组探究的基础上进一步对解决问题的过程与效果进行评价，激发学生的探索热情，提高学生的创造性思维能力。

第三节　民族传统体育教学的课堂组织与实施

一、民族传统体育教学的课堂组织

（一）教材选择

民族传统体育项目多种多样，根据它们之间的不同，就需要选择具有不同特点的教材。在教学方式和教材的选择上一般需要注意以下几个问题。

（1）每堂课的练习要力争做到少而精。也就是说，每堂课练习的项目越简单、数量越少，效果就越好，项目数以 2～3 项为宜。除此之外，在项目的安排上也要按照一定的运动规律：如一堂课中要对上肢和下肢的练习负荷统筹安排；学习新动作，一定要复习与此相关联的旧动作等。

（2）教材内容的选择。随着国家相关部门积极倡导在学校开展民族传统体育运动教学活动，越来越多的相关教材应运而生，此时，学校的体育部门就要选择最符合学生和授课实际的教材。一般来讲，大多数学生没有学习过相关运动，所以选择的教材应该以运动项目的专项基本功和基本技术讲解为主；基本知识应围绕技术学习的需要进行相关知识的讲授；中等水平则以基本技术带基本功为主来安排相关内容，并不时拓展技术领域和范围，加强综合理论知识的介绍；较高水平则以提高技术动作质量和竞技水平为主来安排相关的内容。基本原则：以徒手练习为基础，以基本功为基础的基础；确立重点，围绕重点，层层深入；主要内容的讲解应安排在学生精力最充沛的时间段进行。

（二）集体教学

集体教学是指将所有学生集中起来进行统一教学的教学组织形式。该教学组织形式能更好地指挥学生的学习和管理课堂纪律，有利于贯彻和执行教育教学意图，是各级学校教学的主要课堂组织形式。但集体教学也并不是尽善尽美的，它不利于对个别学生进行区别对待的教学、较难体现学生的专项技术风格。因此，在教学实践中应注意以下几个方面：①保证课堂纪律良好；②讲解要精确，示范要正确，领做人、指挥的位置要恰当；③教学中的口令和提示语言使用要准确、发音要洪亮；④教授新内容时，不宜改变原练习队形的方向；⑤重视调剂运动量和运动强度。

（三）个别教学

个别教学是指教师对一个或者几个学生进行单独辅导的一种教学组织形式。一般情况下，学校的体育教育以团体教学为主，辅以个别教学。团体教学的优点在于节省时间，缺点在于针对性较差，属于一种"粗放式"管理方式。个别教学可以做到对学生区别对待，及时纠正学生的一些个性问题，效率较高，但较为费时。因此，个别教学更多地被用来培养民族传统体育运动学生骨干或教师在课上的协助者。在教学实践中应注意以下几个方面。

①教师需在安排好课堂的整体活动、形式和内容后，才能进行个别教学。

②个别教学要注意抓重点、带一般。

③教师在进行个别教学时要认真辅导每个学生，同时兼顾全班的活动。

④教师在进行个别教学时要善于发现学生存在的一些共性问题，并采取灵活的方法及时提醒学生。

⑤教师应通过个别教学让学生有所收获。

（四）分组教学

分组教学是指教师通过分组的形式将团体（班）分开，以小组的形式来进行知识技能的学习、复习、巩固和提高的一种教学组织方式。一般分组的组内人数在4~8人。分组教学的优势在于能有效地发挥学生骨干的作用，提高学生之间团结协作的能力，激发学生的积极主动性，这不仅能提高教学效率，还能减轻教师的工作量。此时教师的工作就是巡视各组进行观摩，遇到不合理的地方再给予指导。分组教学的缺点在于所需教学时间较长、课堂纪律较难控制。

因此，在教学实践中实施分组教学需要注意以下几个方面的问题。

①合理分组后，明确各学习小组的学习任务。

②在小组进行学习前，明确练习地点、练习方法和组织形式。

③分组教学中重视发挥学生骨干的作用，使他们帮助教师管理课堂纪律和组织学习过程。

④在小组学习过程中，重视分情况对各小组进行个别指导，引导小组的学习活动向着正确的方向发展，必要时教师可暂停学生的学习活动，进行讲解和示范。

二、民族传统体育教学的实施

（一）备课

教师在给学生进行授课前都要做好一系列准备工作，甚至是在学期、学年开始前就要做好备课工作。因此，备课是教师进行课堂教学工作的前提，是教学中的一个基础环节。简单地说，备课就是教师在上课之前，对其上课的内容、方法和课堂中的特殊情况进行的全面的预测和准备。

在民族传统体育教学过程中，备课的形式多种多样，大致可分为个人备课、集体备课、导师批改式备课等三种形式。教师备课的一些基本要素和要求具体如下。

1. 大纲与教材

大纲在高校体育教育中特指高校体育课程大纲，它是一项为民族传统体育教学的知识范围、教学内容、教材深度、结构体系、教学进度、教学方法、教学要求等提供依据的指导性文件。

教材是大纲精神的体现，它是根据大纲要求编写的，是教师备课的重要知识参考，全面系统地掌握教材内容是教师备课的基本要求，因此教师应认真钻研教材。教师在认识和钻研教材时需要注意以下四个方面。

（1）教师应充分掌握教材中与民族传统体育有关的概念、作法、特点、重点、难点、纠正方法等内容。

（2）教师应充分了解教材的内容，掌握教材的特殊性、思想性，认识到民族传统体育教学在体育教学中的作用、意义等。

（3）教师应善于总结和归纳可供选择的优化教学的手段和方法，重视教研。

（4）教师应注重参考与教材相关的资料，拓展自己的知识面，提高自身的理论素养。

2. 场地与器材

场地是体育教学开展的场所，器材则是体育教学开展的工具。体育教学场地、体育器材是进行体育教学的物质保证，因此，这两者也是教师在备课过程中需要考虑到的因素。在备课过程中，教师应对教学过程中所涉及的场地的规格、布局，器材的种类、数量等进行详细的了解，做好场地和器材的协调工作，针对场地和器材不足的情况教师应发挥主人翁的精神想办法自己创造教学条件。

在教学活动开始前，做好场地和器材的准备有助于教师的教学活动有条不紊地进行，能有效避免不必要的损伤事故的发生。

3.学生

学生是学习的主体、教学的对象，全面了解学生有助于教师有效地提高自己的教学质量和贯彻好因材施教的教学原则。

在民族传统体育教学中，教师对学生的了解内容主要包括学生的人数、姓名、性别比例、技术基础、兴趣爱好、思想表现、组织纪律等。在教学中，教师可以采用观察法、访谈法、调查法、参与活动法等了解学生。但在了解学生的过程中，教师应注意以下问题。

①教师要通过全面和重点、集体和个人相结合的方式了解学生。

②教师要有计划、有步骤、有目的地了解学生，了解学生的态度要真诚。

③教师应及时对其了解到的学生的各项信息进行归纳和整理，并研究出适合学生的教学方法和手段。

4.教学方法

教学方法的选择是教师备课过程中一项重要的工作。教师在教学方法的选择上也需要对许多方面进行考虑，将大纲、教材、对象、设施等与课堂教学紧密结合起来，从而选择符合教学实际的教学方法和教学手段。具体来讲，教师在选择教学方法时，要以教材内容、教学任务、教学对象、项目特点、场地器材等情况为依据，并对教学计划、课程结构、教学组织形式、教材的先后顺序、课堂时间分配、练习次数、学生分组数等合理进行安排。

（二）撰写教案

教案是教学活动的规范性文字材料，是教学计划的最细致的体现。在教学管理过程中，撰写教案是教师上好课的根本依据。高校会定期检查任课教师的教案编写情况，从这就足以看出教案的重要性了。教师的教案能有效反映其基本的教学态度和业务素质，在编写教案时应注意以下几个问题。

①教学任务要具体、全面，应与教学内容相符，具体标准为学生通过一定的努力能够完成。

②教案内容的安排要科学，技术动作要领描述要准确。

③教案的版面布局要合理，条理要清楚。

④教案应重点突出，主次分明，前后内容要有内在的关联性；练习时间、数量、负荷要符合学生的实际。

⑤教案中的文字应言简意赅，语言描述准确妥当，字体工整，结构合理且规范。教案中还要将教学难点、侧重点和需要的教学方法等写清楚。如复习某动作要以进一步体会要领、初步掌握、基本掌握为教学目标；多次复习动作，应以巩固提高、熟练掌握为教学目标。

（三）试教

试教是教师在完成教案后，为加深理性认识而进行预演的教学实践活动。教师常用的试教形式主要有以下三种：

①模拟式试教：教师模拟全部授课过程。

②自由选择式试教：选择教学中的难点环节进行模拟试讲。

③说课：用语言表述教学实施过程、教学组织形式、教法、要求等。

（四）上课

上课是教师进行教学工作的主体活动，在上课过程中应注意以下几方面内容。

①做好心理、业务、物质准备：教案随堂自带，以备查看；提前到场，着装整洁；神态谦和，精神饱满；耐心细致，关心学生，师生关系和谐。

②认真执行教案。

③充分发挥主导作用，调动学生学习的自觉性和积极性，贯彻思想教育为先导的教学思想。

④教学组织严谨有序，课堂纪律严格要求。

⑤教法客观、清楚、有效；语言生动、形象；讲解清楚，示范到位。

⑥运动量、运动强度合理；安全保护到位。

⑦教学效果测评达标。

（五）课后小结

课后小结是通过简要的文字对每次课的实施情况、成功原因做重点的分析和记录，对课中存在的一些问题和不足提出具体的改进办法。课后小结看似无关紧要，但实际上它是教学活动的重要组成部分之一。

课后小结的具体内容主要包括两个方面：一是对教案本身进行检查，如教案中教材的搭配，内容的安排，教法、组织、重点难点、密度负荷、保护手段等各个方面的安排是否科学合理；二是对教案执行情况进行检查，如教材思想性实施如何，讲解是否精练到位，示范有否吸引力和启发性，教学组织是否严密，是否在教学过程中贯彻了区别对待、因材施教原则，教学任务的完成情况如何以及学生是否满意等。

第四节　民族传统体育教学的比赛组织与实施

一、民族传统体育教学比赛的组织

民族传统体育比赛的组织工作是制订相关赛事计划并准备实施计划的过程。具体是指从成立筹备小组（或筹备委员会）到运动员报到为止的过程。赛前准备工作主要包括以下几项内容。

（一）确定比赛组织方案

确定比赛组织方案是民族传统体育比赛有计划、有步骤地进行的前提和基础，组织方案的确定必须经过仔细和认真的讨论，一般来说，民族传统体育教学比赛组织方案应该包括以下内容。

第一，比赛名称。根据比赛的性质、时间和规模等确定比赛名称。

第二，比赛目的和任务。根据比赛的性质和运动特点等确定比赛的目的和任务。

第三，比赛规模。比赛规模应符合学校的实际条件。通常情况下，学校的民族传统体育教学比赛活动力求办得精致，而不求办得过大、覆盖面过广。这样可以使赛事的举办形式更加灵活。

第四，组织机构。本着精简的原则，拟定组织机构和工作人员。先成立筹备委员会，即比赛开幕后的组委会，它对比赛的全过程起着组织领导作用。然后在筹备委员会下设立具体的工作机构。这些工作机构负责整个比赛过程中的各项具体事务，协助领导小组完成比赛任务。凡是与比赛有关的事务，都要有相应的部门或人员负责管理。各组织机构必须分工明确，紧密配合。

第五，经费预算。一般来讲，学校的民族传统体育运动赛事不宜办得过于宏大，这一方面是从组织角度考虑的，另一方面还是从勤俭节约角度考虑的。

赛事组织需要花费一定的资金，这就使得制定经费开支标准和财务管理办法显得非常重要，以此来明确每一笔经费的去向。一般情况下，经费预算应包括场地器材费、交通费、食宿费、裁判员酬金、工作人员津贴、运动员奖金、招待费、广告制作费及文印、通信等费用。

（二）确定比赛规程

比赛规程是比赛的组织者和参与者都必须遵守的章程，是保证比赛工作顺利进行的指导性文件，是比赛过程中一切活动的依据。比赛规程的制定要根据比赛计划，并结合比赛的规模、目的、任务等来进行。例如，高校举办民族传统体育项目的比赛时，就应结合项目本身的特点及比赛的目的、任务等来制定比赛规程。比赛规程制定好后应提前发给有关单位，以便他们做好准备。民族传统体育教学比赛规程具体应包括以下内容。

①比赛名称：确定比赛名称。比赛名称要用全称，比赛的各项文件、会标、宣传材料中的比赛名称要统一。

②比赛目的、任务：简明提出比赛的目的、任务，如学校为检查教学工作，或为促进本地区某些民族传统体育项目发展，或为交流经验、增进友谊等举行的各种民族传统体育比赛。

③比赛的日期和地点：比赛日期和地点的确定应充分考虑季节气候、场地设备、大学生兴趣、交通食宿等条件。

④比赛项目：根据比赛的性质、规模、运动员的水平和主办单位的实际情况来设置和确定比赛的具体项目。

⑤参赛单位：明确地列出参赛单位的名单和其参加的项目，以便于比赛机构进行准备与安排。

⑥参加办法：包括参赛条件和参赛人数两个方面，比赛的参加办法应具体、准确。首先，参赛条件中应对参加者的性别、年龄、学籍、技术水平、运动成绩、健康状况和思想作风等提出明确要求。其次，参赛人数应具体到每个单位可报多少队（人），每人限报几项，每项限报几个人等，此外，还应注明领队、教练员、医生和其他工作人员的名额。

⑦比赛办法：明确具体规定用何种比赛方法组织比赛，包括采用何种赛制、何种规则等。

⑧录取名次与奖励：详细说明比赛的录取名次、单项和集体项目的录取名次以及团体总分的计算与奖励办法等，详细说明成绩相同后的处理办法。

⑨报名和报到：规定运动队、裁判员（长）等报名日期和截止报名日期；规

定运动队书面报名的格式、份数，报名表投寄的地点、单位、日期（以寄出或寄到邮戳日期为准）；规定违反报名规定的处理办法；确定运动队、裁判员队等报到的日期、地点及单位；注明报到所需材料或物品等。

⑩裁判员与仲裁委员会：确定裁判长、裁判员选派（聘请）办法、名额分配，注明对裁判员的资格、等级、赛前准备工作的要求，确定仲裁委员会的组成和相关执行条例。

⑪注意事项或未尽事宜：如赛区食宿条件与标准、交通费开支办法等及其他有关未尽事宜的补充和通知办法。

⑫竞赛规程解释权的归属单位：一般为主办单位有关部门。

（三）成立组织机构

任何赛事都需要有一个赛事组织委员会，这是赛事运行的核心机构，在它下面会根据需要分设多个职能部门。赛事组织委员会的职责为承接运动会的组织管理工作，它通常是在比赛主办单位的领导下，由各方面代表组成。组委会下设秘书处、竞赛处以及裁判组等部门。

1. 秘书处

秘书处主要负责比赛的宣传教育，安排比赛的各项活动、经费预算、生活管理、医疗卫生、安全保卫、组织观众、开幕式与闭幕式等工作。秘书处下设宣传组、接待组、后勤组、保卫组、医务组等工作室服务比赛。秘书处各分设机构的工作内容具体如下。

宣传组：撰写各种宣传材料，征集或拟定宣传口号，确定宣传方式及宣传手段；设计、制作宣传品；制订赛场布置方案；拟定运动员、教练员、裁判员、各参赛单位应注意的事项和体育道德精神文明方面的要求；印发宣传材料，落实各项宣传工作。

接待组：做好接待准备工作和生活（住宿和饮食）安排的准备，订购合适的礼品、广告宣传品和纪念品。

后勤组：编制各项经费预算，确定开支标准及管理办法；做好各类物资的管理，购置和准备各部门所需的各类办公用具、通讯设备、服装、器材、奖品、纪念品、生活用品等保证各部门的使用，建立各种物品出入库手续和领取、使用制度；做好交通车辆的管理、调配和安全检查工作。

保卫组：建立安全保卫组织网络，加强安全保卫工作；制订安全保卫工作计划和安全警卫方案；对比赛场地、运动队驻地等活动场所的比赛设施、生活设施、安全设施等进行安全检查。

医务组：配备专为竞赛服务的医务人员和药品，联系医院、配备救护车。

2. 竞赛处

竞赛处的负责人通常由主管部门分管竞赛工作的领导担任，同总裁判长、裁判长具体负责大会的竞赛工作，确保竞赛工作顺利进行，具体做好以下事宜。

①接受各队报名单。

②审查运动员资格。

③安排好竞赛日程、时间、场地。

④检查场地、设备、器材的准备情况。

⑤确定参加技术统计工作的人员并组织学习，准备好各种设备。

⑥编印比赛秩序册，如竞赛规程、组委会名单、工作人员名单、裁判员名单、代表队名单、比赛日程、成绩记录表等。

⑦制订大会日程表，包括比赛、休息、会议、参观学习、文娱活动、报到和离开日期、作息时间等。

⑧绘制成绩记录表、裁判员安排表、参赛队赛前及休息日训练场地安排表等各种表格。

⑨召集领队、教练员开会，公布比赛成绩。

⑩仲裁比赛争议。

3. 裁判组

裁判组一般由总裁判长、裁判长、裁判员组成，主要负责竞赛的裁判工作。

（1）总裁判长的基本职责

①负责赛前对场地、器材、竞赛日程及裁判员进行安排等，做好检查。

②组织和领导大会裁判工作，组织学习竞赛规则、竞赛规程和具体的裁判方法。另外，在必要时，可以临时调整裁判员的工作。

③处理竞赛中发生的重大问题。

④亲临竞赛现场，审核竞赛成绩和名次，宣布比赛结果。

⑤比赛结束后，组织全体裁判员进行工作总结。

（2）裁判长的基本职责

①组织所属裁判员进行工作。比赛前组织裁判员检查场地、器材，研究裁判方法，掌握比赛情况。

②依照规则，解决比赛中的有关问题；若对比赛中的疑难问题不能解决时，应签署意见，并报请总裁判长解决。

（3）裁判员的基本职责

①组织运动员（队）进行比赛，掌握和控制比赛进程。

②根据竞赛规程和竞赛规则的具体规定，评定运动员（队）的成绩、胜负和名次。

③对运动员（队）在竞赛过程中出现的违反竞赛规则和竞赛规程的技术动作和其他行为进行警告或处罚，包括不道德或不文明的举止。

④记录比赛成绩和比赛时间。

（四）拟订工作计划

在赛事组织委员会和各职能部门建立后，就要根据组织方案和责任划分，拟订各部门具体的工作计划，明确任务与分工。在完成工作计划的制订后要及时交给赛事组委会审核，并由组委会讨论批准后执行，如工作计划中的某些内容审核未通过，则应尽快认真研究、讨论，以求在最短的时间内找出解决办法，再度提交组委会审核。

二、民族传统体育教学比赛的实施

（一）组织好例行会议

为组织好民族传统体育教学比赛，需要在赛事组委会的要求下组织相关部门和参赛队开会，一般为裁判员会、领队会和教练员会。各项会议召开的目的和任务具体如下。

1. 裁判员会

裁判员是民族传统体育运动赛事中不可缺少的角色，他们是场上的"执法者"，好的裁判员会使赛事进行得非常顺利，对运动项目水平的提升有较大的帮助。因此，在赛前组织裁判员会议是非常重要的。在会议上，相关部门会对裁判员提出具体要求，介绍大会日程和生活安排，介绍竞赛规程的相关规定，统一判罚尺度和要求。除此之外，裁判员会议还具有组织裁判员学习、实习以及分工的作用。

2. 领队会

领队会的任务主要是将赛事组委会的相关决议和规定传达给各运动队，使之明确竞赛规程，同时还要介绍赛事的筹备工作进展，提出思想教育、安全保卫、生活管理等要求；宣布竞赛日程安排和重大活动安排，以便各队领队将相关赛事精神传达到队伍中，方便各队参赛过程中各种事务的办理。

3.教练员会

教练员会召开的目的是进一步明确竞赛规程，强调运动员资格审查和体育道德风尚；解释编排原则，竞赛日程安排；阐明裁判员执行工作中的技术问题；说明向仲裁委员会提出申请的程序和办法；对前期准备工作进行查漏补缺，及时调整、疏通比赛渠道。教练员会议与领队会不同的是，教练员会议更多的是传达运动场上需要注意的问题。

（二）比赛进行期间的工作

竞赛阶段，是指从开幕式至闭幕式的整个比赛阶段。在竞赛期间，各职能部门要充分发挥自身职能，高质量地保证整个比赛或竞赛的顺利进行。各部门要紧密围绕竞赛组委会协调有序地开展工作，形成向心力。在比赛期间进行的工作主要有以下部分。

开幕式：开幕式是民族传统体育教学比赛和运动会的重要仪式。开幕式一般包括以下步骤：主持人宣布比赛开始，裁判员、运动员入场，升国旗、奏国歌或其他仪式，领导致开幕词，裁判员、运动员代表讲话（或宣誓），裁判员、运动员退场，团体操、文艺表演，主持人宣布开幕式结束。

竞赛时间与场地：根据竞赛计划严格把握比赛时间，以免比赛脱节；对比赛场地、设备和器材进行认真检查和管理。

裁判队伍：严肃、认真、公正、准确地做好裁判工作；果断及时地处理赛场争执，必要时由仲裁委员会当场裁决。

记分与宣布成绩：及时登记记分表或总表并送给比赛队，及时发布比赛成绩。

变更通知：如有特殊情况需要更改比赛场地、日期和时间，应由负责部门及时通知各队。

总务组工作：深入群众，听取各方面的意见，及时改进工作。

医务组工作：深入比赛场地，及时处理伤害事故，做好预防、卫生工作。

治保组工作：注意住宿及比赛场所的治安，保证比赛顺利进行。

秘书处工作：经常与各队取得联系，定期召开相关会议，及时处理竞赛期间的各种问题。

闭幕式：闭幕式是将民族传统体育教学比赛和竞赛推向高潮的重要仪式。闭幕式的组织准备工作包括确定闭幕式的形式、规模，组织节目；安排、布置会场，准备表演道具，培训会场工作人员等。闭幕式的一般程序是运动员、裁判员入场，宣布比赛结果，发奖，致闭幕词，文艺演出。

（三）比赛结束后的工作

民族传统体育竞赛结束后，主要有以下工作需要进行。

①编制和印发总的比赛成绩表、某些单项技术评比名次和其他一些获奖名单。

②组织召开闭幕式，宣布比赛成绩并颁奖。

③组织领队、教练员、运动员和裁判员交流经验，进行技术报告。做好裁判工作、技术统计工作和大会各部门的总结工作。

④安排和办理各队离开赛区的有关交通等事宜。

⑤对比赛器材设备进行整理，做好相关比赛技术资料处理和归档工作。

⑥对竞赛的收支进行财务决算。

⑦进行竞赛工作总结，为组织高一层次的队伍选拔和推荐人员。

⑧向新闻单位发布运动竞赛的有关情况。

第五章　民族传统体育之技巧项目教学

本章分为高脚教学、板鞋教学、秋千教学、陀螺教学、押加教学、射弩教学六部分。主要包括高脚运动项目简介与教学、板鞋运动项目简介与教学、秋千运动项目简介与教学、陀螺运动项目简介与教学、押加运动项目简介与教学、射弩运动项目简介与教学等内容。

第一节　高脚教学

一、高脚运动项目简介

高脚又称"高脚马""竹马"，它是在两根竹竿上各绑上一个脚蹬，人踩在上面行走的一种游戏，是湘、鄂、渝、黔四省边境各县市广大土家、苗寨盛行的一项民间传统的体育活动，深受各族青少年儿童喜爱。它与我国北方的踩高跷有相似之处，但不是踩高跷。它主要有竞速和对抗两种运动形式。高脚竞速就是比谁跑得快，是由运动员双手各持一根竹竿，同时脚踩脚蹬，在开阔的场地上进行的竞速比赛；高脚对抗，是指双方运动员在规定的场地内"骑"在竹马上，在规则允许的范围内运用各种技巧将对方撞倒在地或打下高脚马，而自己仍"骑"在高脚马上为胜。高脚马既可以用作生活娱乐，又可作为一项健身价值较高的民族传统体育活动。

自 2003 年正式被列为民运会竞赛项目以后，高脚马运动突破了地域和民族的界限，实现了由民族娱乐项目向规范化体育竞技项目的转化，成为全国性的运动项目。

二、高脚运动项目教学

（一）高脚运动项目教学的内容

高脚教学从走、跑、转身动作和平衡交换姿势等简单技术开始。在学校体育教学中，高脚教学内容主要为起跑、起跑后的加速跑、途中跑、弯道跑和终点跑练习。

1. 起跑

起跑能获得向前起动的冲力，使身体与高脚马结合尽快摆脱各自的静止状态，为起跑后的加速跑创造有利条件。高脚竞赛规则规定：运动员各就位时必须将两根高脚杆立于起跑线后，杆底部不得触及或超过起跑线。运动员听到"预备"后以任意一只脚蹬上踏镫，另一只脚必须立于起跑线后的地面上，做好起跑的最后准备。运动员听到"鸣枪"后，另一只踏地的脚方可踏上踏镫向前跑进。从第一届全国少数民族传统运动会到现在，人们在实践中摸索出起跑预备姿势的三种形式：接近式，即立于地面的脚距起点线10～20厘米；普通式，即立于地面的脚距起点线20～30厘米；拉长式，即立于地面的脚距起点线30～50厘米。

① "各就位"。当运动员听到"各就位"的口令后，应一边持杆轻快地走向起跑线，一边做2～3次深呼吸，使机体获得充足的氧储备。当走到起跑线前面时，将左手持的杆放在起跑线后沿，左脚踏上踏镫，右脚立于左脚后面20～30厘米处，两脚与肩同宽。哪只脚在前哪只脚在后，主要根据各自的习惯来决定，通常以有力的脚在后，这样便于尽快上镫。

② "预备"。运动员听到"预备"口令后，深吸一口气，上体前倾5°～6°，两腿稍呈弯曲姿势，大、小腿之间形成最佳的角度，利于蹬伸和发力。

③ "鸣枪"。运动员听到枪声后，触地脚迅速蹬地并踏上踏镫，同侧手臂配合向前迈出第一步（50～80厘米），上体适当前倾，以利于速度的发挥，但要防止摔倒和跳跃式动作。

2. 起跑后的加速跑

起跑后的加速跑是从触地蹬离地面到进入途中跑姿势前的一个跑段。起跑后的加速跑应尽快接近或达到最高速度，任务是充分利用起跑获得的初速度，在较短距离内获得更高的速度。从第一步到途中跑，步长应逐渐加大，上体逐渐抬起。起跑后的加速跑与途中跑之间没有明确的界限。在加速跑过程中，动作结构有很大的变化：从第二步至第四步起主要作用的是蹬地力量和速度，第四步以后起主要作用的是动作节奏和步频。因此，运动员在训练中应特别注意在这一跑段内努力达到适合自己的步长和步频。

3. 途中跑

途中跑的任务是保持较长距离的最高速度。高脚运动的途中跑的每一单步结构由支撑期和腾空期组成。支撑期支撑腿的动作可分为着地、垂直缓冲和后蹬；腾空期的腿部动作可分为提杆随势动作、拉杆向前摆动和主动下放动作。

4. 弯道跑

在高脚竞赛中，学生参加200米、200米双人接力及4×100米混合接力时，都有弯道跑，因此学习和掌握弯道跑的技术对提高运动成绩是非常重要的。学习弯道跑技术时应注意以下两点。

①高脚弯道起跑时，尽可能沿着直线跑进，所以起跑的站位应在跑道的外侧，正对左侧分道线的切点方向。由于弯道跑进时，人体要克服离心力，因此，从弯道的起跑到起跑后的加速跑这段距离，学生应在保持适当步幅的前提下，以加快步频来获得速度。

②进入弯道后，整个身体应向内倾斜，因而右肩稍高于左肩，右手持杆的动作幅度要大于左手，右步应大于左步。在弯道跑进中，为了克服人体向前做直线运动的惯性，整个身体要向内倾，以获得所需的向心力。这个力能维持人体在弯道跑进时相应产生的惯性离心力，保持动态平衡。

5. 终点跑

终点跑是全程跑的最后一段，应尽力保持途中跑的高速度跑过终点。高脚的终点跑技术，要求运动员在离终点线15～20米时，尽力加快持杆摆动的速度，以高脚杆或运动员身体的任何部位撞向终点线，跑过终点线后逐渐减速，使运动员的身体和高脚杆分离。

（二）高脚运动项目教学的重点与难点

1. 高脚运动项目教学的重点

高脚的教学重点是途中跑最大速度跑段。在这段距离中，运动员应把重点放在增加步长和提高步频上，手臂与踏镫上的两腿协调一致，密切配合，从而跑出最快速度。因此，教学的重点应是在发展下肢力量的同时，提高上肢力量，特别是同侧运动的用力习惯，通过多种练习方法和手段，达到提高运动成绩的目的。

2. 高脚运动项目教学的难点

首先，提高稳定性。在进行途中跑最大速度教学时，必须选用不使高脚跑的技术动作结构遭到破坏的距离。尤其在进行最大速度练习时，跑距不宜过长；否则，会由于疲劳使速度、步长、步频、重心起伏和跑的技术动作都发生变化，影响最大速度的发挥。途中跑的最佳距离一般在 50～80 米（100 米项目）和 60～150 米，以能保持技术动作不变形的速度跑进。

其次，改善放松技术。高脚跑的另一个难点是如何掌控高脚杆技术，在跑进中既能最合理地调动和利用最大机体能力，又能放松省力，这是高脚跑运动的关键技术。因此，在进行高脚跑教学时应时刻强调运动员的技术放松，即使在进行速度练习时，仍要狠抓动作的协调、放松。

最后，掌握全程节奏。协调好各段落的速度分配，表现出合理的全程节奏，是高脚跑运动员取胜的重要因素。在经过长时间的教学后，教师要逐渐找出运动员的个性特点和速度、专项能力、专项力量、专项技术之间的比例关系，正确地做出评价和技术诊断，并在此基础上确定运动员前后半程速度分配与全程节奏。

第二节　板鞋教学

一、板鞋运动项目简介

相传，板鞋运动是广西河池地区壮族民间传统体育项目。据说，明朝嘉靖年间，瓦氏夫人领旨率兵赴沿海抗倭，为让士兵步调一致，令 3 名士兵同穿一双长板鞋齐步跑。长期如此训练，士兵的素质大大提高了，斗志高涨，所向披靡，打败了倭寇，为壮乡人民立了大功。后来，南丹县那地州壮族人民效仿瓦氏夫人，在田头地角、房前屋后开展 3 人板鞋活动自娱自乐，相袭成俗，流传至今。

板鞋运动历史悠久，器材简单，不受年龄、性别、条件的限制，因此深受壮族人民喜爱并迅速在当地得到了普及。板鞋成为壮族体育爱好者、学校学生开展健身活动的项目之一，吸引各族的群众参与，对民族团结、民族体育的发展起了巨大的促进作用。板鞋是一项集群众性、娱乐性、竞速性于一体的民族传统体育运动，同时也是一项非常独特的健身娱乐活动。

现代板鞋是在标准的田径场地上进行的，场地线宽为 5 厘米，跑道分道宽 2.44～2.50 米。比赛板鞋（以三人板鞋为例）由长度为 100 厘米、宽度为 9 厘米、厚度为 3 厘米的木料制成。每只板鞋配有三块宽度为 5 厘米的护足面皮，分别固定在板鞋规定的位置上，第三块护皮后沿距板鞋末端 15 厘米。经常练习板鞋能提高个体与人的协作能力和团队精神。

二、板鞋运动项目教学

（一）板鞋运动项目教学的方法

1. 讲解法

讲解法是以语言传递为主的教学训练方法。在板鞋教学训练中，体育教师或教练员用语言向学生或者运动员传授板鞋知识和技能。在教学训练中，教师主要对板鞋历史、发展现状、竞赛规则、技术动作、战术等进行讲解。

2. 示范法

示范法是板鞋教学训练中常用的一种直观方法，体现为包括辅助训练在内的对基本技术动作的一系列示范，如三人徒手齐步走、三人徒手跑步走、三人徒手后蹬跑、上鞋、预备姿势、起跑、加速跑、途中跑、终点跑、减速下鞋等。

3. 重复训练法

重复训练法是指在板鞋教学中多次重复同一练习，两次（组）练习之间安排相对充分的休息的练习方法。在板鞋教学训练中，运用重复训练法有助于练习者不断强化运动条件反射，掌握和巩固板鞋技术动作。重复练习法的主要特征和要求是休息时间相对充分，以恢复机体相对完全的运动能力，再进行下一次（组）的练习。在学校板鞋教学中，重复训练法主要用于起跑、途中跑、终点跑、步幅步长、弯道跑、协调性等技术动作练习。

4. 间歇训练法

间歇训练法与重复训练法相对应，是在机体不完全恢复的状态下，安排身体下一次活动的反复练习。根据板鞋竞速的特点选择间歇训练法，可以提高练习者的心脏功能及对运动负荷的适应能力。为了促进学生的身体健康，在间歇训练中可以加长练习的距离，以此来提高学生的有氧耐力。

5. 竞赛法

在平时训练中，以板鞋竞赛的标准、规则、形式来要求练习者的一种方法叫竞赛法。在板鞋教学训练中，运用竞赛法的目的：一是发展学生的竞赛能力，全面提高学生的运动素质；二是通过竞赛了解学生的运动技能学习程度，找出不足，以期提高；三是培养学生的团队精神、顽强拼搏的进取精神，培养学生尊重对手、重视规则的思想道德；四是帮助学生养成会学习、分析问题、解决问题的好习惯。

（二）板鞋运动项目教学的注意事项

在板鞋运动项目教学过程中需要注意以下几个问题。

第一，抓步伐的一致性。

第二，加强身体素质训练。

第三，加强保护，预防损伤。

第四，熟悉比赛规则。教师要精通比赛规则，并让学生懂规则，训练时严格遵守规则，这样才能充分利用规则，注重技术改进和创新，最大限度地避免犯规、违例现象的发生。

第三节 秋千教学

一、秋千运动项目简介

秋千是我国的一项传统游戏，主要在朝鲜族、高山族、白族、纳西族等民族中流行。关于秋千的起源有几种不同的说法。第一种说法是说秋千源于西域，明人王圻、王思义撰写的《三才图会》中记载："百戏起于秦汉，有弄瓯、吞箭、走火、缘杆、秋千、高翘等类，不可枚举。"第二种说法是说秋千源于北方山戎之戏，据清人翟灏的《通俗编》卷三十一引《古今艺术图》记载，春秋时代，齐桓公北伐山戎，看到少数民族中，有人踩在用两根绳子吊在半空中的板子上，晃来晃去，显得十分轻捷矫健，于是就把这种游戏带回了齐国。第三种说法认为秋千起源于汉武帝时期，唐代文人高无际在《汉武帝后庭秋千赋》中说："秋千者，千秋也，汉武帝祈千秋之寿，故后宫多秋千之乐。"也就是说秋千为汉武帝宫中游戏，本为"千秋"，取千秋万寿的祝词，后来倒读为秋千。

秋千在南北朝时期传入南方，并已形成习俗。到了唐代，秋千活动更为普及，宫廷和民间都开展得相当广泛，每逢寒食、清明、端午等节日，宫廷及民间都会举行盛大的荡秋千活动，唐玄宗还曾为秋千取了"半仙之戏"的雅号。唐代诗人也多有诗句描写当时的秋千盛况，如王维在《寒食城东即事》里有"秋千竞出垂杨里"的诗句，杜甫在《清明二首》中有"万里秋千习俗同"的诗句，刘禹锡在《同乐天和微之深春二十首》一诗中有"秋千争次第，牵拽彩绳斜"的描写。当时，女子秋千活动十分流行，盛极一时。明朝的秋千活动也很盛行，这种情况一直持续到清朝，经久不衰。

新中国成立后，荡秋千成了一种群众性的娱乐体育活动，被列为全国少数民族传统体育运动会上的表演和比赛项目。随着比赛规则的制定和不断修改完善，秋千更加趋向于技术、技巧和力量的较量，具有很强的竞争性和观赏性，1986年第3届全国少数民族传统体育运动会上首次把秋千作为正式比赛项目。

荡秋千的种类很多，各民族都有自己独特的表演形式和比赛方法。朝鲜族女子每逢四月初八和五月端午，便集结在百花深处的开阔地里，选择一棵大柳树进行比赛；台湾高山族每逢喜庆的日子，都要举行"秋千赛"，比赛荡的姿势、荡的高度和荡到最高点时翻转的次数；纳西族在春节期间也有荡秋千的活动，秋千场上人来人往，络绎不绝，热闹非凡，场面十分壮观；白族每逢春天，各村寨都要进行为期一周的"秋千会"，把美好的祝愿寄托在荡秋千活动中，有"打一回秋千，平安三百六十五天"的俗语。

目前，我们通常所说的荡秋千运动的基本方法是用两手攀持秋千，腿部协调用力踏摆，使秋千随着蹬摆的惯性来增高或触碰铜铃。按照民族传统的习惯，正式比赛只设女子项目，分单人赛、双人赛和团体赛三种。比赛项目有高度比赛和触铃比赛，其中高度比赛是以荡秋千的高低判定胜负，计量高度的方法是杆上系高度线，在规定的时间内，碰线次数多者为胜者；触铃比赛是将铜铃固定在一定的高度，在规定的时间内，以运动员连续触铃的次数计算成绩，判定胜负。

荡秋千运动竞技性强、惊险度高，要求参与者具备勇敢顽强的意志品质。经常荡秋千可以发展人体的腿力、臂力与握力，使身体迅速适应各种不同位置的变化，从而提高人体的协调能力，具有强身健体之效。

二、秋千运动项目教学

（一）秋千运动项目教学的主要内容

1. 握法和站位

握法：双手用拇指压住食指和中指，牢牢地握住秋千绳。套上安全带后，手抓握秋千绳的高度一般在胸至髋关节处之间。

站位：系好安全带后，练习者单腿站立，前脚踏在脚踏板上，后脚提踵用前脚掌支撑在起荡台上，脚、背、颈部自然放松，两臂、两膝微屈，调整好呼吸，准备起荡。

2.单人荡秋千的技术

(1)单人高度技术

①出发。出发的任务是使身体迅速摆脱静止状态,获得向前的最大冲力,为提高前荡高度创造有利条件。荡秋千的出发动作包括以下三个过程。

准备:双手紧握秋千绳,将秋千绳向后拖至极限处,然后一只脚用力踏上秋千踏板的一端(踏板腿的大腿尽量抬高,回收小腿),双臂扣紧,背部微弓,眼睛平视。

预备:将站立支撑脚脚跟上提,以前脚掌为支撑,踏板脚向后勾板,重心上提,准备起荡。

起荡:做好准备,将重心从支撑脚移向踏板脚,同时支撑脚迅速向下踏离起荡台,踏上秋千踏板,深吸一口气准备预摆。

②预摆。预摆前,保持下蹲姿势,臀部后翘,双肩下压使双臂肌肉伸展成适宜的长度,胸部贴近大腿。全身力量集中在前脚掌和秋千踏板上,双手握紧绳,为随后的加速用力踏板做准备。

③踏板。当秋千下落至距秋千柱20°~25°角时,两腿积极快速向前用力踏伸,大腿积极下压。待两腿充分踏伸后,双手用力拉绳,迅速向前直膝、挺胯、送膝,整个上体前挺贴绳,随着身体重心上移,脚跟迅速上提,挺胸,抬头,身体直立,踝、膝、胯关节充分伸展,上体保持充分伸展、向上腾起,两臂锁肩,两手用力向两侧支撑分绳。

当秋千到达最高点时,胯由上挺转向后翘,然后迅速后蹲,胯积极后压,双臂充分伸展下压,全身力量集中在前脚掌,压在秋千踏板上,顺势回落。

当秋千重新落至距秋千柱20°~25°角时,大腿、膝关节、双肩积极下压,重心下沉,然后双脚迅速向后勾板,双手用力向后拉绳,顶膝、立胯。身体重心上提,收腹、挺胸、抬头,后脚跟顺势上顶,双肩紧锁,双手用力向两侧支撑分绳。

当秋千荡至后摆最高点时,臀由向上过渡到向后翘,塌腰准备下次起荡。

(2)单人触铃技术

①预摆。同单人高度技术动作基本相同。

②触铃。当秋千在高度较充分的最后一次预摆时,荡秋千者加快蹬、伸、挺的速度,充分向前挺伸时重心迅速上提,两臂向身体方向回收拉绳,上体前贴,两臂保持屈肘贴绳姿势,此时不分绳。当身体重心全部落在踏板的一瞬间,踝、

膝、胯迅速向上伸展，重心上提，身体突然向前挺，整个身体好似压缩的弹簧一样，猛地向前上方弹起，身体稍向前倾，积极触铃。

3. 双人荡秋千的技术

（1）双人高度技术

①准备。两人一组，面对面站在起荡台上，双手套好保险带，抓住秋千绳，触铃人双手向前抓紧秋千绳，送秋人将脚用力踏上踏板，支撑脚脚跟提起，以支撑腿向后移动，将秋千绳拉至极限处，成单人姿势，脚向后用力勾板，待送秋人站好后，触铃人靠近送秋人站立，双手抓绳，保持秋千踏板的稳定，将一只脚踏上秋千踏板，同样展胯，支撑脚稍提后跟，重心前移，抓住秋千绳，准备预摆。

②预摆。荡秋千比赛中，当听到预备声后，两人将重心上提，送秋人含胸收腹，触铃人挺胸收腹，保持好秋千的稳定，等待哨声。

③起荡。预备哨声响后，两人同时降重心，使重心从支撑脚移向踏板脚，支撑脚迅速向下蹬离起荡台，踏上秋千踏板。这时，送秋人将臀部后翘、塌腰，两人同时向下压。待秋千落至秋千柱中点时，两人迅速踏压踏板发力，同时呼气。送秋人踏上踏板后，用力拉绳，快速送胯、顶膝、挺身，重心逐步上提。与此同时，触铃人双脚用力勾板，双手回拉秋千绳，先将胯向后上方挺起，顶膝、踏板、挺身动作须配合一致。随着重心的上提，两人同时收腹、挺胸、抬头，使秋千踏板荡上前摆的最高点。此时，两人一齐吸气，做好准备进行后摆。

（2）双人触铃技术

①预摆。同双人高度技术动作基本相同。

②触铃。当秋千在高度较充分的最后一次预摆时，两名运动员的踏、伸、挺速度稍加快。此时送秋人将挺身向前，紧贴对方，拉绳至身体两侧，当秋千荡到最高点的一瞬间，快速向前推手发力，整个身体向前上方腾起，将触铃人向前推出触铃。与此同时，触铃人用力回拉绳，使身体向上拉起贴绳，到达最高点感受到对方向前推动的一瞬间，快速向前拉绳，使两臂伸直，锁肩将身体向后上方弹出，保持身体直立，收领、顶头，积极触铃。

4. 荡秋千的注意事项

①荡秋千前做好充分的准备活动，特别是各关节的肌肉和韧带应充分活动，以免受伤。

②上秋千前，检查秋千架、秋千绳、秋千踏板的安全性和稳固性。

③上秋千前，系好安全带，集中注意力。

④不要在身体不适、饥饿、饱腹的情况下荡秋千。
⑤不要在场地上有人或障碍物的情况下荡秋千。

（二）秋千运动项目教学的训练方法

秋千运动的特殊性决定了教学过程中的重点和难点，教学过程应该循序渐进，符合教学的规律及学生的安全要求。教学的主要练习方法如下。

语言讲解法：教师利用生动形象的语言，把秋千准备技术特点及安全须知告知学生。

示范法：教师进行正确示范，组织学生到教师的正面、背面、侧面观看，让学生在脑海里形成动作概念，从而利于完整动作的掌握。

分解练习法：各个内容环节，逐一分解，仔细练习，多讲解技术细节部分。

完整动作练习法：将逐一分解的动作连接起来，反复进行练习，利于学生掌握该动作内容。

教师指导法：在学生练习过程中，教师进行指导，对不易掌握或错误动作较多的学生进行指导纠正。

重复训练法：对重复动作的组数、时间进行严格控制，重复训练法有利于促进学生对动作形成肌肉记忆。

变换法：变换练习的器材、组织方式，以达到课程的要求；减难训练法，将目标难度降低，可让学生先在健身房肋木上进行技术练习。

第四节　陀螺教学

一、陀螺运动项目简介

打陀螺，又称"抽陀螺""赶老牛""打猴""拉拉牛"等，是以陀螺为器材，在攻、守两方之间进行的集对抗性、技巧性、趣味性为一体的民族传统体育项目。打陀螺在平整无障碍物的场地上进行，分为攻、守两方，从守方投放陀螺开始，由攻方将陀螺抛掷，出击守方陀螺，以将守方陀螺击死或砸出界外，或以攻、守方陀螺旋转时间长短为计分方式，攻、守双方按顺序轮换，每次只计算攻方得分，得分多者为获胜方。

陀螺的起源年代久远，我国山西省夏县新石器时代的遗址中发现的一只石制的陀螺，大约是四五千年前新石器时代的产物。陀螺最早出现在史籍中是在后魏时期，当时称为"独乐"。宋朝时，出现了一种类似陀螺的游戏器具，名为"千千"，类似今日的手捻陀螺造型，是在一个直径约 12 厘米的圆盘中央插一支铁针为轴心，是古代宫女排遣寂寞的玩具。其玩法是用手捻动铁针使陀螺立在桌上旋转，等到快停时再用衣袖拂动陀螺，使之继续旋转，最后看谁的"千千"转得最久，谁就是获胜者。至于"陀螺"这个名词，直至明朝时才出现。清代满族的先世居住在我国的北部，喜欢冰上运动，冬季在冰上玩陀螺比在地面上玩效果好，也更有乐趣，因此称陀螺为"冰猴"或"冰杂"。

20 世纪 80 年代，陀螺竞赛规则初步形成。陀螺在第一届至第四届全国少数民族传统体育运动会上被列为表演项目。1995 年在广东省第一届少数民族传统体育运动会上，打陀螺被列为竞赛项目。同年，打陀螺又被列为第五届全国少数民族体育运动会竞赛项目。陀螺在走向竞技赛场的同时，也一直深受汉族、瑶族、佤族、壮族、哈尼族、拉祜族、基诺族、苗族、高山族等民族人民的喜爱。

可以说，陀螺运动是我国西南地区少数民族喜爱的民族传统体育运动，在新一轮课改的要求下，为了更好地发展少数民族传统体育，丰富学校体育的课程资源，陀螺运动被我国部分高校引入体育课堂。

二、陀螺运动项目教学

（一）陀螺运动项目教学的过程

1. 竞技陀螺运动教学准备阶段

在竞技陀螺运动教学的准备过程中，首先需要建立以最优化教学理论为基础的教学指导思想。教学是一个双向过程，既包括学生主动学习的过程，也包括教师主导教学的过程。要想取得最佳的教学效果，在教学过程中既要充分调动学生的积极性和主动性，又要充分发挥教师教学的主导作用，这就是最优化教学理论的最终目的。

其次，陀螺运动的最优化教学必须整合好教材和师资力量这两大基础性资源，在此基础之上，才有可能实现完善的课程设置，从而最终实现教学过程的最优化。

2. 竞技陀螺运动实际教学阶段

根据陀螺运动的特点，竞技陀螺运动在进行教学过程设计的时候，应该首先注意因地制宜，根据本地区的民族特点来对陀螺教学过程进行设计，包括教材和教学方法的选择都应该以符合地域民族特色为基本要求；其次，现代陀螺运动已经开展了几十年，因而其教学过程的设计应该符合现代体育教育的要求，这一点可以从以下三个阶段来体现。

第一，概念教学阶段，在这一阶段，主要教学任务之一是从理论上让学生大致了解竞技陀螺运动，使其对竞技陀螺有个抽象的概念，另外，从基础的身体练习和动作示范开始，让学生在脑海里对于竞技陀螺运动有个形象的概念。

第二，动作分解教学阶段，这一阶段的主要教学任务是通过老师的形象教学和学生的模仿学习，分步骤学习陀螺运动的技能与技巧，这一阶段的教学，是达到最优化教学的主要过程，在这一过程中，教师必须灵活运用各种教学方式方法。然而，教学的过程不仅体现在教师的"教"上，还应该体现在学生的"学"上，因此，教师在教授学生知识和技能的同时，也应该相应地给学生传授一些正确的学习方法，就是说在注意"教法"的同时，也不能够忽略"学法"。所谓"学法"是学生在教师的直接或间接教育指导下，为完成学习任务所使用的学习方式与组织形式的总和。正确的学法能够使学生在学习过程中达到事半功倍的效果，从而对实现教学过程的最优化产生促进和推动的作用。

第三，巩固提高阶段，这一阶段主要是通过不断的练习，熟悉陀螺运动的运动技能和技巧，最终使学生彻底掌握这门有趣的少数民族体育。在这一阶段，一方面要注意练习的"度"，既要符合学生的体能水平，又要达到锻炼的目的；另一方面要注意保持学生的学习兴趣和积极性，这可以通过穿插相应的陀螺游戏来实现。

3. 教学提高阶段

教学是一个过程，这个过程并不以教学目标的达成为结束。从竞技陀螺运动的民族性和竞技性这些特殊的性质来说，需要一个教学的提高阶段。教学的提高主要从两方面来体现：从学生这方面来看，学生不仅是陀螺技能的学习者，也是民族文化的传承者，还有可能成为民族体育的传授者。因此，在教学过程中，要充分考虑作为受教者的学生所具有的多重角色可能性，针对其不同的角色进行教学的深化和提高；从教师这方面来考虑，教师不仅是教学过程的主导者，而且是最优化教学的具体执行和实施者，也有可能成为专业陀螺运动队员的训练者。因此，为了使教学一直处于最优化教学的过程之中，教师必须随时并且及时进行教学反省，根据反省调整教学方法，并且时刻保持自己的陀螺运动竞技水平，从而使得教学始终处于最优化的过程之中。

（二）陀螺运动项目教学的注意事项

1. 设立合理的、可行的教学目标

陀螺运动教学目标是在一定的时间内让学生掌握重点的技能和运动知识，提高学生对陀螺运动的兴趣，培养学生自觉参与锻炼的习惯，为终身体育打基础。在实际的教学目标设定中要注意学生的体质水平、运动能力、兴趣爱好及学习掌握情况的差异，教学内容应由易到难，使学生保持稳定进步。对于初学者来说，教学目标当然是掌握最基本的旋放陀螺技术，应当将陀螺尽量旋放在规定区域，而对于有一定基础的学生，就应要求他们把注意力集中在自己已经掌握的各项技术存在的某些问题上，尽可能弥补技术缺陷以提高打陀螺的稳定性、有效性，保持学生打陀螺的成功率，以帮助他们树立信心。

2. 教学内容尽可能与教学目标保持一致

在教学过程中，应该突出教学内容中主要的、核心的、本质的东西。如果教师不能把注意力集中在核心的东西上，不管采用什么教学方法和形式，都可能导致学生掌握教材的时间延长，从而导致学生负担过重，使得教学效果达不到预期目标。

3. 合理科学地利用教学比赛

教学比赛是一般体育项目教学当中经常使用的一种教学手段，其主要目的就是通过比赛培养学生能力，帮助学生掌握陀螺运动的基本技、战术、竞赛规则和裁判法。通过教学比赛可以有效地、直观地发现学生在基本技术上存在的缺陷，从而能帮助教师有针对性地进行教学，并且能充分调动学生的主观能动性，发挥学生在学习中的主体作用，进一步提高教学质量。

第五节　押加教学

一、押加运动项目简介

押加，又称"双人拔河"，或"大象拔河"，是在西藏特殊的自然环境和独特的民族生活习俗基础上产生的，并以独特的形式世代传承，相传其已有千年历史。在藏族聚居区，一到节假日，各地都会举行押加竞赛。由于押加的基本技术、竞赛规则和场地设备比较简单，因此比较容易开展，深受藏族群众的喜爱，具有

深厚的群众基础。押加的活动形式有大象拔河、颈力竞赛、腰力竞赛和手力竞赛等。在第一届至第五届全国少数民族传统体育运动会中，押加为表演项目。在1999年第六届全国少数民族传统体育运动会上，押加被正式定为竞赛项目。在第六届全国少数民族传统体育运动会拉萨分赛场，押加是4个正式竞赛项目之一，在此后举行的第七、第八、第九、第十届全国少数民族传统体育运动会上，押加都被列入竞赛项目。

（一）押加的运动特点

1. 负重练习

进行押加运动时，人体总要负担重量，并且重量不断增加，在较短时间内甚至达到人体的最大重量负荷。简而言之就是要进行押加负重练习，这是押加运动的特点。

2. 对抗的激烈性

押加运动是直接的力量对抗，因而竞赛十分激烈。一场竞赛中，运动员通常会使出全身的力量。

3. 按体重分组进行竞赛

押加与重竞技项目十分相似，都是按体重分组进行竞赛。目前男子项目有8个级别，女子项目有7个级别，男女共有15个级别。

4. 场地、器材简单，竞赛方式一目了然

押加运动的竞赛场地和器材经济简单，竞赛者无须经过专门训练便可参与，易于运动普及和开展。在学校开展此项运动，对丰富学生的文化、体育、娱乐生活，促进学生生理、心理、体能的全面发展都有积极作用。

押加的运动价值在于传承少数民族传统文化，促进个体体格健壮，发展体能，增强学生意志，培养学生掌握负重、运重等基本劳动技能。

（二）押加竞赛规则

1. 场地

竞赛应在平整硬质地面上进行；竞赛场地为长方形，长9米、宽2米，场地的丈量从界限的内沿量起；竞赛场地应有明显的标线，两条长边为运动员竞赛限制线。各线宽均为5厘米，场地四周至少在2米以内不得有任何障碍物；中线是连接两条边线的中点，画一条与边线垂直的线为中线，在距中线两侧 1.2 米处，各画一条与中线平行的线为决胜线。

2. 器材

（1）带子

长 6.5 米，用红色绸缎（幅宽 1.2～1.6 米）制成。带子两端呈圆环形，圆环周长为 1～1.1 米。带子中间系一条可移动的并有适当重量的坠条，作为判定胜负的标志。

（2）护垫

长 30 厘米、宽 15 厘米、厚 2 厘米的海绵，以软布包裹后，固定在带子两端圆环处的受力处，用于保护脖颈。

（3）标志带

用于鉴别双方运动员的竞赛绸带，标志带为两种不同颜色。

3. 竞赛通则

（1）赛制

竞赛采用淘汰赛制或循环赛制。

（2）竞赛场数与休息时间

运动员一天竞赛场数不得超过两场，特殊情况除外。场与场之间至少要有 30 分钟的休息时间。

（3）竞赛项目体重分级

男子项目分八个级别，即 55 千克、61 千克、68 千克、76 千克、85 千克、95 千克、110 千克、110 千克以上。

（4）竞赛方法

竞赛礼节：竞赛开始前和竞赛结束后，双方运动员应相互握手，并与场上裁判员握手致意。

竞赛姿势：四肢着地，带子两端的圆环分别套在双方运动员的颈部，带子从胸前和两腿中间经过。双方运动员身体距中线最近点的距离应该相等，运动员向各自的前方用力。

竞赛胜负：带子中间坠条垂直于中线，裁判员发令后竞赛开始，在运动员向前进方向用力的过程中，以坠条拉过自己一侧的决胜线者为胜。每局竞赛以一方获胜为结束，但在一局竞赛中如果双方相持达 90 秒不能决出胜负，则应暂停竞赛，休息一分钟后重新开始竞赛。一局竞赛中，如在两个90秒后仍未决出胜负，则在第三次竞赛中，在裁判员发出口令后的30秒内，垂直于中线的坠条偏离中线向哪一边，则哪一边者为胜。竞赛过程中，如遇竞赛带子断裂，应换取新的竞赛带子重新进行竞赛，已完成的竞赛成绩有效。

竞赛要求：每局竞赛的开始与结束，均以场上裁判员鸣哨为准；在竞赛进行过程中，当记录台发出信号，场上裁判员发出停止口令时，双方运动员应立即停止竞赛；全场竞赛结束时，场上裁判员宣布该场竞赛结束后，运动员方可离开竞赛场地。

4. 胜负及名次判定

（1）胜负

每场竞赛采用三局二胜制，胜一局得1分，先得2分者为胜；对方弃权，获胜方以2∶0记分。

（2）名次（循环制）

竞赛以胜负场次的积分排列名次，胜一场得2分，负一场或弃权得0分。积分多者名次列前。如两人积分相等，则按两人在竞赛中的胜负确定名次，胜者名次列前。如两人以上积分相等而又循环互胜，则按以下顺序确定名次：获2∶0多者名次列前；获2∶1多者名次列前；受罚次数少者名次列前；体重（原始体重）轻者名次列前；抛币。

5. 犯规与罚则

（1）犯规

故意延误竞赛；运动员经检录进入竞赛场地后，接受场外递送物品；双方运动员双手着地后，一方运动员未经裁判员允许而自行站起；运动员自行在竞赛场地或鞋底涂抹用于增加摩擦力的非大会提供物品（如胶水、口香糖、汗水、唾沫等）；在竞赛进行过程中，双手离地超过5秒；在竞赛进行过程中，在处于不利情况下要求暂停；在竞赛进行过程中，运动员做了不尊重裁判员的行为；在竞赛进行过程中，有意进行非真实竞赛；在竞赛进行过程中，运动员身体的任何部位触及边线及边线以外地面。

（2）罚则

凡运动员出现上述犯规情况之一，根据情节轻重分别给予第一次警告、第二次警告、取消该局或该场直至全部竞赛资格处罚；如运动员在一局或一场竞赛中受到两次警告，则给予取消其该局或该场直至全部竞赛资格处罚，判对方获胜；

竞赛进行中，教练员或助手如有不尊重裁判员或干扰竞赛的行为，给予第一次警告，第二次则罚其退出竞赛。

6.弃权与申诉

（1）弃权

超过检录时间5分钟未到场，按弃权论；超过竞赛时间3分钟不能上场竞赛，按弃权处理；竞赛运动员因伤病而不能参加竞赛或要求重新参加竞赛，须经大会医生证明，因伤病而不能参加竞赛，则判该运动员该场竞赛弃权；在竞赛进行过程中，一方因受伤不能继续竞赛时，裁判员可暂停竞赛，但因运动员受伤而治疗超过5分钟仍不能继续竞赛时，则判受伤运动员弃权；在竞赛进行过程中，一方出现鞋破等情况时应继续竞赛，若该运动员自行终止竞赛，则判该运动员弃权。

（2）申诉

运动员对裁判员的裁决有异议时，由领队或教练员在竞赛结束后30分钟内以书面形式向仲裁委员会提出申诉，同时交纳申诉费。仲裁委员会根据仲裁条例做出裁决。

二、押加项目运动教学

（一）押加项目运动教学的任务

培养学生优良的思想道德品质以及勇猛顽强的意志品质；传承少数民族传统文化，培养学生热爱祖国的高尚情操；改善学生的身体机能，增强体质，提高身体素质，提高运动成绩；使学生掌握押加运动技术、战术及增强力量的基本方法。

（二）押加项目运动教学的内容及步骤

押加教学重点内容：竞赛方法、准备姿势、用力技术、防守与相持技术。一般内容：各种力量练习。介绍内容：规则与裁判法。自选内容：根据学生或运动员个人特点对技术进行选择。

押加教学步骤：在教学过程中，教师讲解各个技术动作要领，示范各个技术动作；学生模仿教师示范做练习；学生分组练习各个技术动作，教师有针对性地纠正学生的动作偏差；进行教学竞赛，练习运用各种技术动作；分组进行对抗实战练习。

（三）押加项目运动教学的重点与难点

在押加技术教学过程中，准备姿势方法应最有利于力的发挥和外力的运用，因而押加技术教学的重点是押加准备技术。押加关键问题是怎样将力运用到一处，即各分力的合力的形成，因而押加技术教学的难点是用力技术。

第六节　射弩教学

一、射弩运动项目简介

射弩，黔东南土语称射箭，苗语称"浜夯康"。射弩是在瑶族、苗族、纳西族、佩族、黎族、锡伯族等民族中开展的传统体育活动，它是人们解除疲劳、振奋精神和增添生活乐趣的娱乐方式。射弩比赛可分为射准和射远两种形式，正式的比赛为射准射弩，现流行于云南、广西、贵州、海南、湖南等地区。

在我国多个少数民族聚居区，射弩有着非常广泛的群众基础。伴随着民族事业的发展，射弩由民间的娱乐活动发展成为民族传统体育项目。经过广大体育工作者和民俗专家对传统的射弩活动技术动作、竞赛规则、竞赛方法等不断地进行改革与完善，1986年射弩出现在第三届全国少数民族传统体育运动会上，此后一直作为该运动会的正式比赛项目。

作为一项古老的体育项目以及古代人民劳动和智慧的结晶，射弩运动具有重要价值，具体表现在以下几方面。

第一，独特的运动教育价值。射弩运动项目在民族院校中比其他体育项目更加具有独特的价值和优势。如果在学校开展这项运动，不仅能起到锻炼身体和练习技能的目的，而且能弘扬本地区的少数民族传统文化，加强各个民族同学之间的情感，增强少数民族学生的自信心和自豪感，而且还能满足大多数学生对少数民族体育运动的好奇心。

第二，明显的全民健身价值。射弩运动是击准性运动项目，对参与者的平衡感、灵活性、心理素质的要求很高。其运动具有运动技巧强的特点。长期参加射弩运动和比赛，不仅可以锻炼人体的平衡感、灵活性、协调能力，还可以提高人们的心理素质，提高控制情绪的能力。

第三，特有的社会价值。射弩运动的开发，有利于促进少数民族间的文化情感交流，提高民族的凝聚力，振奋民族精神。在群众中开展射弩竞技运动，可以促进社会体育和民族体育接轨，为广大群众进行终身体育活动打下坚实的基础，让其成为社会体育中的骨干成员，从而建立起具有特色的少数民族体育体系。

二、射弩运动项目教学

作为民族传统体育项目，射弩运动不仅表现出少数民族的风情风俗，也满足了学生的文化娱乐需求。加之射弩项目具有形式丰富、简单易学等特点，不仅具有现代体育所具有的竞争性、健身性、娱乐性等特性，而且还具有民族性、地域性、趣味性、表演性、健身娱乐性和教育性等文化特征和质朴的民族精神内涵。因此，射弩项目融入体育课堂教学具有较高的价值和意义，试想，这样流传久远、具有浓郁民族风格和地方特色的传统体育活动融入现代中学体育课程教学内容中正好能够补充体育课程资源，进一步满足学校体育教育教学改革的需要，顺应现代学生的多元文化发展理念。

为此，学校应根据自身的实际情况和特点，积极将射弩项目融入体育教学中，通过射弩教学、代表队训练和竞赛活动等多种教育教学形式，丰富少数民族地区学校的体育教学内容，提高学生对体育教学的兴趣和积极性，丰富校园体育文化内容，使学生能够将课堂上学到的技能和知识运用到校园文化活动中。此外，为使学校更好地开展射弩民族传统体育项目，需要教师进一步提高射弩的教学技能，在课堂教学中加强射弩安全措施教育，以保证射弩项目在体育教育教学中健康、有序、安全地开展。

第六章　民族传统体育之球类项目教学

本章分为抢花炮教学、木球教学、蹴球教学、键球教学、珍珠球教学五部分。主要包括抢花炮运动简介、抢花炮运动教学、蹴球运动简介、蹴球运动教学、键球运动简介、键球运动教学、珍珠球运动简介、珍珠球运动教学等内容。

第一节　抢花炮教学

一、抢花炮运动简介

花炮运动是全国少数民族传统体育运动会的正式比赛项目之一，从具有浓郁民族特色的体育活动"抢花炮"发展而来，在湘、鄂、渝、黔等边境地区有着雄厚的群众基础。据考证，这一运动已有数百年的历史，由于它具有强烈的对抗性、娱乐性、竞争性和独特的民族风格，因此被誉为"中国式的橄榄球"。抢花炮运动属于球类运动项目的范畴，是男子集体比赛项目。

抢花炮是最早流行于侗族、壮族、仡佬族等少数民族的具有浓郁民族特色的体育活动，据考证，已有五百年的历史。每逢三月三或秋后是开展抢花炮运动的季节，人们会穿上节日盛装涌到赛场，或参赛，或呐喊。抢到花炮象征着村寨来年将会五谷丰登、人畜两旺，并可以得到主办村寨的奖品。据广西三江侗族自治县志记载，"花炮会届时男女咸集，其竞赛以冲天铁炮内装铁环，若实弹燃，燃铁炮后，铁炮直飞云霄，观众闻炮声，即以铁环为目标蜂拥争取，以夺得铁环者按头，二三名依次领奖。其他友族皆簇拥庆贺，欢声若雷。"这种运动在广西、湖南、广东一直延续至今并有所发展。传统的抢花炮不限人数，也不分队数，每炮必抢，三炮结束。场地通常设在河岸或山坡上，无一定界限，这就对抢花炮者提出了更高的要求，参赛者必须具备健强的体魄、顽强的意志、坚忍不拔的毅力和快速反应的能力，这样才有机会一举夺魁。

在国家体委和国家民委有关领导的关怀重视下，对抢花炮运动进行了挖掘，在保留其民族特点的基础上，对传统抢花炮运动进行了适当的改革。之后，抢花炮运动的竞赛规则被制定出来，并且举行了相应的表演或者比赛项目，使得抢花炮运动逐渐发展成为一项传播较为广泛的运动项目，受到人们的喜爱和欢迎。

目前，抢花炮运动已经发展成为一个比较成熟的少数民族运动项目，这与其特点与价值有很大的关系。具体来说，抢花炮运动的特点和价值主要体现在以下几个方面。

第一，抢花炮运动技术多样，战术灵活多变，比赛过程随机性强，参加者可以随意运用、创新技术，有很大的自由发挥空间，能够激发参加者的潜在原动力和创造激情，达到愉悦身心的目的。因此，抢花炮运动具有较强的娱乐性。

第二，抢花炮运动过程中，身体的多个部位都能够得到全面锻炼，可以使参加者达到健身的目的。因此，抢花炮运动的健身性较强是其重要特点和价值之一。

第三，抢花炮运动攻防节奏快，对抗激烈，战术变化多，参加者需要机智勇敢、顽强拼搏，在对抗中完成技术动作，在运动中进行攻守组合，这使抢花炮运动具有很强的观赏性和竞技性。

第四，抢花炮运动的形式多样，比赛场上的情况千变万化，技战术灵活机动，要求参加者不断思考，快速应变，选择正确的方式、方法应对复杂局面，可以激发其能动性。进攻、防守中的相互配合、相互支持，使团队中的每一位参加者既锻炼了意志，又增强了人与人之间的和谐交往能力，还培养了勇敢、坚强的品质和团结协作的集体主义精神。由此可以看出，抢花炮运动具有较强的教育价值。

二、抢花炮运动教学

（一）抢花炮运动的技术教学

抢花炮运动的技术教学主要包括两方面内容，即进攻技术和防守技术，每种技术又都包括具体的技术动作，具体如下。

1. 进攻技术

抢花炮运动的进攻技术主要包括持炮、传炮、接炮和抱摔，具体如下。

（1）持炮

持炮大致可以分为两种形式，即单手握炮和双手握炮。

①单手握炮。五指自然张开，将花炮贴于掌心，拇指紧贴外侧，其余四指弯

曲内扣握住炮的下沿。此方法的优点是握炮稳，跑动中不易掉炮；缺点是动作慢，不便于快速交手与传、接炮。

②双手握炮。两手掌五指自然张开，并交叉将花炮压在两手心内。这种方法的优点是握炮更加牢固，不易掉炮，但缺点是奔跑慢。

（2）传炮

传炮是抢花炮比赛中运用最多的技术动作之一。以传炮的不同方式为主要依据，可以将传炮分为三种形式，即肩上传炮、体侧传炮和低手传炮。

①肩上传炮。（以右手为例）面对传炮目标，两腿前后开立，约同肩宽，膝部微屈，右手拇指从前往回扣，其余四指及掌心紧贴花炮。传炮时，后脚稍用力踏地，借助转体带动肩、肩带动手臂加速前挥，身体重心前移，向传炮目标屈腕，扣指将炮传出，头部始终保持正直，目视目标。出手后炮的弧线不要太大，尽量控制炮的落点，以在接炮队员的胸部高度为宜。

②体侧传炮。（以右手为例）接住炮后，右手随缓冲动作持炮后引，并根据传抢方向的需要，决定伸踏的方向，重心移到屈膝的后支撑腿上，上体转动，左肩对准抢的方向，头保持正直，两眼正视目标。传炮时，后脚踏地，重心前移，带动转腰送胯与摆臂，右臂经体侧前挥时肘应前引，前臂伸展约与地面平行，并伴以挑腕外旋将炮传出，炮在空中呈平旋飞行状态。由于体侧传炮横向打击时角度大，所以挑腕外旋务必对准目标，以免因左右偏离太多而造成失误。

③低手传炮。（以右手为例）右手将炮持于体前，先向后预摆，然后向接炮队员方向挥臂、拨腕、挑指将炮传出。炮的飞行弧度稍大，根据接炮队员的距离远近，将炮的落点尽量控制在接炮队员的胸部高度。

（3）接炮

以接炮的方式不同，可以将接炮分为两种；一种是单手接炮，一种是双手接炮，具体如下。

①单手接炮。准备接炮前，首先判断炮的飞行情况，确认落点，然后快速移动，面对来炮，向前上方伸出右手，以虎口迎炮，当炮接触虎口时，手指迅速向内扣握，并顺势屈臂缓冲。

②双手接炮。准备接炮前，首先判断落点，然后两手自然张开迅速移动至持炮队员所持炮的位置，当炮触及手掌时，两手迅速向内扣握并顺势屈臂缓冲收至腹前，同时原持炮队员松手即可。这种接炮技术动作重心稳、伸展幅度大，接炮后转入传炮最为便捷，不管是对于初学者还是高水平运动员来讲，都非常重要，值得重视起米。

（4）抱摔

抢花炮运动中的抱摔，可以大致分为"抱"和"摔"两个方面，其中，"抱"是指搂抱，"摔"是指摔法，具体如下。

①搂抱。防守队员可以从任何方向接抱进攻队员的身体，搂抱时一手握成拳，另一手扣在握拳手的腕关节处，搂抱部位在肩以下、膝以上。

②摔法。根据规定，摔法只能采用自己先倒地的方法。因此，在使用摔法时，防守队员只能先降低重心并后移，然后用膝顶住进攻队员的膝关节，顺势后倒将进攻队员摔倒。

2. 防守技术

抢花炮运动的防守技术主要包括抢断炮、抢夺炮、拦截、抱腰。

（1）抢断炮

首先判断攻方队员会向哪一位同伴传炮或炮会飞向哪个方向，以便提前移动，抢占有利位置；然后根据炮的飞行方向跳起，尽量拍打花炮或拍打攻方队员接炮的手，使攻方队员接不住花炮。

（2）抢夺炮

首先判断花炮在哪一位攻方队员手中，然后通知队友协同抢夺，即采取抱腰、拉手等方式，将花炮硬抢夺过来。在不犯规的前提下以多防少，尽量不让进攻方将炮传出。

（3）拦截

就是不让攻方队员进入罚炮区，破坏攻防队员的掩护或战术配合。

（4）抱腰

是防守技术中较难掌握的一个动作，当拦截对方进攻时，只要其持炮进攻，就可抱腰防守，为队友抢花炮创造条件。

（二）抢花炮运动的战术教学

抢花炮运动的战术教学也包括两方面内容，即进攻战术和防守战术。

1. 进攻战术

根据战术运用的范围不同，可以将抢花炮战术的进攻战术分为个人进攻战术、局部进攻战术、整体进攻战术三种。

（1）个人进攻战术

①假动作。在面对防守队员时，依靠重心的变化迷惑对方队员，将真动作与假动作结合，目的在于迷惑对方，达到自己的目的。

②接应。在同队队员持炮时通过合理的跑位，撕开对方的防线或通过接队员之间的传炮达到摆脱的目的。

③选位。根据对方队员的布防，本队队员的占位，瞬间选择自己最合理的位置，达到协助、策应的目的。

（2）局部进攻战术

①突分战术。通过个人突破，吸引对方队员夹击，在对方夹击之前，将炮传给无人盯防的接应队员。

②掩护。一人通过规则允许的阻挡，切断对方防守队员的上防路线，给同伴队员创造移动的时间与空间。

③扯动换位。通过不断地扯动换位造成对方盯人混乱，拉开对方的防线，觅得进攻时机。

（3）整体进攻战术

①炮区前中路进攻。通过两侧的扯动，拉开对方中路的空当，在中路通过连续掩护及高点进攻在中路形成威胁，由于炮区前的空当比较小，中路结合边路的扯动，方可达到效果。

②转移。通过一侧的进攻，吸引对方的防守重心偏移，而后突然将花炮转移至另一侧以形成有效的进攻。

③快速反击。通过有效的防守得到炮权后立即投入进攻，加快进攻节奏，在对方尚未布置好防守体系时进攻，进攻的要点就是"快"字当头并掌握好节奏，打对方一个措手不及。

2. 防守战术

与进攻战术相同的是，抢花炮运动的防守战术也可以分为三种，即个人防守战术、局部防守战术以及整体防守战术。

（1）个人防守战术

①选位。根据对手的位置选择最合适的位置落位，这在个人防守中尤为重要。

②盯人。对无炮队员、持炮队员均采取人盯人的方式进行防守，进而压缩对方的空间，造成对方失误。

③抢断堵。在比赛中通过各种方式对对方队员进行个人的抢断堵，破坏对方的进攻。

（2）局部防守战术

①补位。同队队员在防守中出现漏洞后，另外一名队员通过提前选位，进行补防，破坏对方的下一步进攻。

②夹防。通过两人以上的同时行动对持炮队员进行前后、左右的夹击防守，加大防守的力度，达到防守的目的。

（3）整体防守战术

①区域防守。在花炮的区域防守里多采用"一三四""一二二三"的站位，分层进行防守。第一层的任务是阻挠对方的进攻发动者；第二层的任务是保护第一层；第三层的任务就是保护炮区线。整个队形是根据炮的位置、持炮人的意图进行移动的，就近保护，就近支援，达到破坏对方进攻的目的。

②人盯人防守。丢失炮权后可立即进行防守，就近逼迫持炮人，其他人则对无炮接应队员进行盯防，依靠全场的压迫造成对方失误。盯人一定要紧，切忌漏人，漏人后的补位要迅速，否则对方就会得分。

第二节 木球教学

一、木球运动简介

木球又称"打毛球""赶木球""赶牧球"，是我国少数民族传统体育运动会的竞赛项目之一。由于各地区的地理环境、风俗习惯和风土人情存在差异，这种民间游戏有着诸多传统打法和地方特色。在不同的地方，木球的称呼也各不相同，如湖南称木球、木棒球，北京称木球。

关于木球的起源，有很多说法，各种说法都与各个地区的风俗习惯有很大的关系。其中，北京人认为木球是由清朝民间盛行的"打卯球"发展而来的。相传是在清朝乾隆年间传入承德地区回民居住的地方，后来为各族人民所喜爱，得到了广泛开展。20世纪30年代至40年代，河北省承德市部分地区还有"打毛球"的习俗。在春季牛脱毛之际，少年儿童用小石块沾水在牛身上滚动，边滚边沾水，待滚成拳头大小，即成为一个圆形牛毛球，可以用来做游戏。在湖南，相传这种活动起源于清代顺治年间，在一次瑶族欢度传统节日时，有几个坏人向聚会庙堂里乱扔石头，有位老者忍无可忍，举杖还击，将石头一一击了回去，打得坏人抱头鼠窜而去。从此瑶族人认为杖击石头很有用，于是便纷纷练习，后来演变成为有攻有守的游戏，石头也演变为用茶树削制而成的圆木，并正式取名为木球。不管是哪种说法，其共同点是，人们都认为木球运动是由游戏发展而来的。

新中国成立后，在党和各级政府部门的支持和帮助下，木球运动得到了进一步的发展和普及。这与木球运动的特点和价值有着很大的关系。木球运动的特点和价值主要体现在以下几个方面。

①木球运动具有较强的趣味性和戏剧性。木球运动的比赛激烈异常、胜负难测，场面极具戏剧性。除此之外，其基本技术动作的难度较大，掌握起来较难，尤其在战术的运用方面，成功率往往得不到保证。

②木球运动具有非常高的健身价值。木球运动是一项身体接触多、对抗性强、激烈程度高的运动项目，再加上木球运动的技术动作由跑、蹲起、击打、闪躲等基本技能组成，这些都对运动员的耐力、速度、力量、灵敏性等身体素质的全面发展有着非常积极的促进作用。

③木球运动具有较强的观赏性。在进行木球运动过程中，锻炼者或运动员会时不时地做出一些完美的运动姿势或进球动作。

④木球运动能够增强锻炼者的注意力和反应能力。木球运动具有复杂多变的特点，主要表现在技术和战术的运用方面，这要求每个队员思想高度集中，具有快速反应、准确判断和协调配合的能力。

二、木球运动教学

木球运动的教学主要分为两个方面，即木球运动的技术教学和战术教学，具体如下。

（一）木球运动的技术教学

木球运动的技术主要包括传球技术、接球技术、运球技术、射门技术、抢截球技术以及守门技术，具体的教学内容如下。

1. 传球技术

根据传球方式的不同，可以将传球技术分为以下几种。

（1）正手传球

正手传球时，两脚前后站立或平行站立，膝关节微屈，双手或单手持握击球板，上端对准球或来球方向，以肩为轴，由后上方向前下方挥摆击球板将球传击出去。击球时，用击球板弯头处击球的后中部。击球后，手持握板要有忽停动作。正手传球的动作关键是要有忽停动作。另外，为了能够保证传球的质量，一定要注意由后上方往前下方挥摆击球板时，肩关节要放松，对准球的后中部，否则传球质量不高，会有被断球的危险。

（2）反手传球

反手传球的动作方法与正手传球基本相同，但与正手传球相比较而言，反手传球对运动员的反应速度要求较高。如果运动员对来球判断迟缓，就容易造成反手传球动作较慢，对击球准确性带来影响。

（3）传腾空球

传球之前，首先要根据来球的运行路线确定击球点，身体面对击球方向，支撑脚上一步，脚尖朝向出球方向，然后以肩为轴双手或单手持握击球板向着来球方向由前往前上方摆动击球的中部。在击球时，运动员的眼睛始终注视着球。运用这一技术时，肩部放松，避免挥摆板迟缓，造成击球失误。除此之外，还要充分考虑到球的运行路线及击球点，准确把握这两点，就能够大大提高传球的效率和成功率。

2. 接球技术

常用的接球技术主要有两种，即正板接球和反板接球。

（1）正板接球

接球前，两脚前后站立，支撑脚正对来球方向，膝关节微屈，身体重心放在支撑脚上，上体稍前俯；双手或单手持握击球板，使击球板弯头处与地面成一定角度，当球滚到支撑脚前内侧踝骨附近时，用击球板的弯头处挡压球的中上部，将球停在自己的身体前面。在运用正板接球技术时，一定要注意击球板触球一瞬间的停球动作，因为这一动作的标准与否，在很大程度上决定着接球效果的好坏。

（2）反板接球

反板接球的动作方法与正板接球基本相同，唯一不同的是持板压球时击球板的方向。运用反板接球技术时，要充分考虑反拍接球的力度，不能太大，也不能太小，否则会对接球效果产生一定影响。

3. 运球技术

常见的运球技术主要有推球运球和拨球运球两种，具体如下。

（1）推球运球

准备推球运球时，身体自然放松，上体稍前倾，双手或单手持握击球板，膝关节弯曲，向前跑进，运球时用击球板弯头处正面底部向前推球。运用推球运球时，为了能够取得较为理想的技术运用效果，应使击球板弯头处底部始终触球，身体重心随球前移。另外，还要注意保持身体的灵活程度，不能因为身体重心过高或臀部后坐，而使身体不能随球灵活移动，从而影响运球的质量。

（2）拨球运球

运球时，支撑脚稍向前跨，落在球的侧前方，膝关节稍弯曲，上体前倾向里转，随着身体向前移动，单手或双手持握击球板稍提起，用弯头处内侧拨球的中后部。在运用拨球运球技术时，要保证击球板始终触及球，眼睛看向前方，用余光看球，因为这是运用该技术的关键。除此之外，运动员要集中注意力，对场上情况时刻进行观察，并且控制好球的走向，时刻把握住球，寻找适合射门的机会或将球传给位置有利的队友，尽可能地争取运球的成功率。

4.射门技术

常见的射门技术主要包括两种：一种是击射，另一种是扫射。

（1）击射

保持运球的正确动作，当出现射门空挡时，持握击球板的手腕向后上方用力翻起，使击球板离开运行中的球，突然向前下方用力敲击运行中的球的中下部位，使球射向球门。在运用这一射门技术时，一定要注意手腕发力的突然性，这是本技术的关键。

（2）扫射

两脚前后开立，膝关节微屈，上体稍前倾，重心在两脚之间，面对来球的方向，当球到射门一侧支撑脚的附近时，单手或双手持握击球板，用弯头处将球向球门扫射。在运用扫射技术时，为了能够达到理想的技术运用目的，首先，必须判断准确，挥摆击球板及时，动作果断有力；其次，还要使持板手腕后翻接击球的动作尽量连贯。只有做到这两点，才能达到较为理想的技术运用效果。

5.抢截球技术

抢截球技术大致可以分为两种，即截球抢截和勾球抢截。

（1）截球抢截

在与对手并肩跑动中或是在对手附近时，当对手向同伴传球时，运动员要降低重心，同时迅速跟上，用击球板将球截住并把球控制好。运用截球抢截技术时，要想取得较好的技术运用效果，首先，要保证上前或移动的动作迅速，抢截的时机要准确，否则就会抢不到球；其次，抢球时身体重心要跟上，控制好球，避免出现失误或者被对手抢截。

（2）勾球抢截

两脚前后开立，两膝微屈，重心落在两脚之间，面对对手。当对手运球靠近自己时，支撑脚立即用力踏地，同时迅速伸出击球板，准确用击球板弯头处迅速有力地将球勾抢过来,并把球控制好。运用这一技术时,掌握好抢球时机是关键,这样可以有效避免出现勾不到球的现象。为了给对手造成突破的失误,勾球动作要迅速。由此可以得出,要想抢截成功,就必须保证勾球动作的突然、有力,判断要准确。

6.守门技术

守门员与一般队员的技术有一定的差别,主要表现在准备姿势方面。另外,常见的守门技术主要有用板挡球、双腿侧躺挡球、半分腿挡球。

(1)准备姿势

两脚左右开立,约与肩宽,两膝自然弯曲稍向内扣,脚跟稍提起,重心落在前脚掌上,上体稍向前倾,两臂自然垂于体前侧,持握击球板,两眼注视来球。守门员左右调整位置的移动,侧滑步、交叉步、并步和滑步等是比较常用的移动步法,具体根据场上的实际情况进行有针对性的选择和运用。

(2)用板挡球

两脚自然开立,两膝稍弯,重心在两脚间,两眼注视球的运动方向。当球射向球门时,双手或单手持握击球板用正手或反手将球挡住,击球板触球后主动后撤,将球控制在体前侧。

(3)双腿侧躺挡球

身体重心先移向来球的异侧,同时双脚用力踏地向来球一侧滑出,身体展开。随着大腿、臀部、手臂和上体外侧依次着地,手掌撑地,接着用双腿侧躺挡住射来的球。

(4)半分腿挡球

当球射来的瞬间,一侧腿向来球方向用腿外侧沿地面侧向滑出,接着小腿外侧、大腿外侧和臀部依次着地,用侧伸的腿挡住对方射门的球。这种挡球技术在木球比赛中应用得较为广泛,往往会取得较为理想的技术运用效果。

(二)木球运动的战术教学

木球运动的战术主要包括两种,即进攻战术和防守战术。每种战术又包括各种具体的战术打法,具体如下。

1.进攻战术

根据进攻战术运用范围的不同,可以将进攻战术分为个人进攻战术和全面进攻战术两种,具体如下。

（1）个人进攻战术

影响个人进攻战术运用效果的因素有很多，主要包括传球、摆脱与跑位、运球过人、射门，这些也是个人进攻战术的主要内容。

①传球。传球是利用手臂和腰部力量，由向后预摆开始，转腰发力，继而挥臂使击球板向前将球击送出去，其中包括沿横轴传球法和沿纵轴传球法。

②摆脱与跑位。摆脱是指摆脱对手紧逼的方法，有突然起动、冲刺跑、突然转身、急停、变速和假动作等。进攻时无球队员的任务就是摆脱对手的紧逼，积极跑位，为同伴创造传球的有利条件。跑位是指有目的地跑向有利位置或空当，其目的是直接接同伴的传球或是牵制、扯动对方的防守，从而扰乱对方的防线。

③运球过人。首先以身体阻碍对方抢断球，击球时不做预摆动作，在击球板与球保持尽可能长时间接触的情况下，利用腕关节的旋转动作将球向前拨推。

④射门。预摆动作要短暂，利用垫步或侧滑步调整步点，侧身扭腰转体，挥摆击球板，板头不超过肩部，用击球板的板头击球将球击入球门。

（2）全面进攻战术

木球运动的全面进攻战术主要有边路进攻和中路进攻。

①边路进攻。在对方半场两侧地区开展的进攻，即边路进攻。具体的动作方法为：边锋队员通过传球配合或个人运球突破对方后位防守后，直接射门，或者下底传中，再由其他队员包抄射门。

②中路进攻。在对方半场中间地带开展的进攻，即中路进攻。在中路，通过两三人的传球配合或运球过人突破对方防线直接射门。

2.防守战术

木球运动的防守战术主要包括个人防守战术、局部防守战术以及全局性防守战术三种，具体如下。

（1）个人防守战术

在个人防守战术中，影响其运用效果的因素主要有两个，即选位和盯人。

①选位。防守队员的位置一般应处于对方控制球的队员与本方球门中心所构成的一条直线上。另外，持球队员的防守站位一般应选在既有利于观察到球的动向，又能兼顾到被防守对手的活动情况的位置。距离被防守对手的远近，则要根据球所处的位置与防守对手的距离来定。

②盯人。对有球队员及其附近队员采用盯人战术；当球和对手威胁本方球门

区时,一般要紧逼盯人;距本方球门远时,可松动盯人。盯人防守时,首先应尽力断球,不能断球时则靠近对手不让其从容接球。若对手已经转身面对防守队员时,防守队员的任务就是防对手运球过人或者防对方传直线空档球。通过以上这些手段防守住对方后,可适时地将球抢过来破坏掉,从而在成功防守的基础上,获得积极进攻的机会。

(2)局部防守战术

木球运动的局部防守战术主要包括保护与补位、围抢。

①保护与补位。保护是补位的前提,没有保护就不可能有效地补位。有效保护可以建立起第二道防守屏障。队员间距适当,取斜线站位,是保护时选位的主要要求。补位有两种:一种是队员去补空档,另一种是交换防守,即相互补位。在比赛中,队员之间通过相互补位,可有效地遏制和破坏对方的进攻,从而变被动为主动。

②围抢。参加围抢的队员行动要一致,动作要突然,抢球要凶狠果断。对手立足未稳,尚未调整好或过多地运控球时是围抢的最好时机。围抢容易奏效是它好的一面,但也存在一旦被对方突围而出,其他地区就可能出现以少防多的被动局面的弊端,因此在运用时要掌握时机及地点。在木球比赛中,围抢是成功率比较高的防守战术,如果运用得好,不仅能够成功完成局部防守,而且还能够在以少防多的情况下,取得较好的防守效果。

(3)全局性防守战术

全局性防守战术主要包括盯人防守、区域防守、全队防守以及混合防守,具体如下。

①盯人防守。每个人都要盯着指定的对手,不给对手随意传接球的机会,促使其配合失调。盯人防守讲究对口盯人,分工明确,对攻方的限制性强,但是体力消耗相当大,而且一旦一人被突破,队友之间的保护与补位不易及时到位,这很有可能造成一点被击破、全线被瓦解的局面。因此,在比赛中,要想取得理想的防守效果,就不能单纯采用人盯人的防守方法,而是要灵活与其他防守方法配合使用,否则就达不到防守的目的了。

②区域防守。每个队员都在自己的防守区内进行盯人防守,不管哪个对手进入自己的防区就盯住他,限制他的进攻活动。区域防守较为节省体力,能防住本防区的进攻队员,但是如果对方频繁、大范围地交叉换位,很易造成局部区域以少防多的被动局面,而且在邻近位置的结合部很容易漏人。因此,目前采用这种防守战术的球队很少。

③全队防守。一个队在防守时，全队都应投入防守。前锋应就地堵抢，延缓对方发动快攻，以保证后卫迅速回防到位，保持防守层次。全队在门前10米进行防守，人数上要相对集中，加强相互保护，减少空档。全队防守就要求每个队员完成自己特定的防守任务，并根据场上的整体情况进行灵活的调整，以达到全队防守成功的目的。

④混合防守。把盯人防守和区域防守二者有机地结合起来，在比赛中能够根据场上情况进行逼抢、盯人、保护与补位，由此可见，混合防守的效果要好于其他防守战术。

第三节 蹴球教学

一、蹴球运动简介

蹴球是我国古代的一种娱乐健身活动，也被称为"蹴鞠""踢鞠""踏鞠""步打"等。蹴球运动不仅是中华民族在长期实践中逐步积累和发展起来的一项宝贵的文化财富，也是一项具有广泛社会价值和民族文化特色的传统体育项目。

蹴球运动不仅具有悠久的历史和广泛的群众基础，而且还具有较为显著的特点和价值，主要包括健身价值、观赏价值、教育价值等。蹴球运动不仅能使锻炼者的身体素质得到全面的提高，而且还能培养锻炼者顽强拼搏、坚强等意志品质，意义重大。

蹴鞠运动经历了春秋战国、两汉、唐宋和明清时期，逐渐从以游戏、娱乐为主的活动转变为体育休闲活动，并产生了专业踢球的艺人和学习蹴鞠的业余团体。蹴鞠活动的器材也从用皮革制作、毛发填充，逐渐转变为用皮革缝制外皮、动物膀胱充气作为内胆的"气球"。秦汉时代所用的鞠，是一种外包皮革、中间填充毛发的实心球，这种球一直沿用到唐代才有了改进，出现了"气"，即外用皮制表壳，内以动物胞（用动物的膀胱做球胆）充气而成，踢起来轻捷便利。

鞠的制作材质、方法的改进，不仅在很大程度上促进了比赛规则和踢球方法的变化和改进，而且还使得蹴鞠的器材、设备等方面也有了一定的改进。比如球门由以往的"鞠城""鞠室"改为挂网，球门洞设在球门外边上端，网的中间为一圆孔，两队分别向洞中射球。由此，蹴鞠比赛便由直接对抗演变成了间接对抗，使得体力消耗减少，游戏娱乐成分有所增加。唐代出现了女子蹴鞠，其一般以花样多少和难度大小来论胜负，带有更多的自我娱乐成分，称为"白打"。后随着唐代商业的繁荣，流传到国外。在宋代，蹴鞠备受欢迎，成为宫廷中的常有之戏。在民间还出现了传授切磋球艺的民间行会组织"圆社"，又称"齐云社"，以表演蹴鞠为主，常在朝廷宴会上表演，或在瓦舍勾栏中卖艺，这对蹴鞠技艺的普及和提高起到了积极的作用。明代以后，帝王的几次禁止抑制了蹴鞠的发展，但在民间仍很盛行，成为市民和部分士大夫消遣娱乐的手段。到了清代，受各种因素的影响，传统的蹴鞠运动逐渐衰落，取代它的是难度极高的新运动——冰上蹴鞠，即将滑冰和蹴鞠结合在一起的项目，也称"冰嬉"。新中国成立后，在党和政府的关怀重视下，此项运动得到了挖掘、整理，根据古代蹴鞠活动发展、演变的规律，吸收了一些优秀的、有特色的、能促进人们身心健康发展的、深受广大人民喜爱的内容，舍弃了激烈对抗性的打法，形成了具有较高技术、战术水平与较强观赏性的民族传统体育项目。至今，蹴球运动已经有了较大规模的赛事，深受广大人民群众的欢迎和喜爱，这与蹴球运动的显著特点和价值有很大关系。具体来说，蹴球运动的价值主要体现在以下几个方面。

第一，蹴球运动内容丰富多彩、比赛过程千变万化，参与其中将会使参赛者得到莫大的快乐，因此，具有较强的娱乐价值。

第二，在进行蹴球运动的过程中，腿部得到的锻炼最多。另外，蹴球比赛要求运动员有较高的控制能力、平衡能力和耐久力。因此蹴球运动有较强的健身价值。

第三，蹴球运动形式多样、战术变化复杂，需要参加者不断开动脑筋，做出积极、灵活的适应性变化，因此极大地锻炼了参与者的能动性，同时也磨炼了参与者的意志，培养其顽强拼搏的作风和团结协作的精神。因此，蹴球运动具有较强的教育价值。

二、蹴球运动教学

（一）蹴球运动的技术教学

蹴球运动的技术主要包括蹴正撞球、蹴侧撞球、蹴柔力球、蹴回旋球以及蹴加力球，具体如下。

1. 蹴正撞球

以左（右）脚为支撑脚，支撑在球侧后方 20 厘米处，脚尖外展，与出球方向成 45 度角，膝微屈；以右（左）脚跟在球正后方 15 厘米处着地，脚掌前部在球上方距球 2 厘米左右，瞄准进攻方向（使脚的中轴线、本球中心、目标中心成一直线）后，则以脚掌轻轻压住球，不能使球发生任何移动，压紧后眼睛正视进攻目标，凝神静气，用大腿向前上方做抬腿的动作，同时通过脚前掌用力向前跳动，使球上旋向前滚动朝进攻目标奔去。

2. 蹴侧撞球

支撑脚和最后用力的动作要领同蹴正撞球，用本球的球心瞄准目标球的一侧边缘，使脚跟中心点、脚的中轴线、本球球心、目标球一侧边缘处在一条直线上。如分球角度越大，本球的前进速度越快，目标球的前进速度越慢；分球角度越小，目标球前进速度越快，本球、分球跟进速度越慢。

3. 蹴柔力球

运动员站在进攻方向的延长线上，面对要进攻的球，两脚前后分立，右脚在前（用左脚进攻者则左脚在前）。瞄准要进攻的球后，将右脚放在本球上，稳定后，将球向前蹴出，脚上的发力要柔和。

4. 蹴回旋球

运动员面对进攻方向，两脚开立，按常规方法瞄准球后，将右脚的前脚掌贴靠在球上，然后向下后方发力，用力将球挤压出去。这个动作仅靠脚的力量是不够的，必须全身协调发力。

5. 蹴加力球

运动员两脚前后分立，一般右脚在前（用左脚进攻者则左脚在前）。瞄准时，将右脚脚尖放在目标球和本球的延长线上，使脚的中轴线和目标球、本球的延长线重合。然后以右脚的脚跟为着力点，把前脚掌轻靠在本球上，稳定后（至少有明显的 2 秒以上的停顿动作）将球向前蹴出，脚上的发力逐渐加大。

（二）蹴球运动的战术教学

蹴球运动的战术主要包括发球战术、双球战术、5 分球战术、回避球战术、前进 1 米战术、失分战术、犯规战术、借球战术、同归于尽战术等，具体如下。

1. 发球战术

发球战术主要分为两种：一种是首轮发球战术，另一种是后发球战术。

（1）首轮发球战术

首轮发球是指比赛开始按 1、2、3、4 号顺序将自己的球从同号发球区蹴入

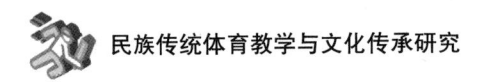

场内。经发球进入场内的球为有效球，有进攻和被进攻权。

1号球的发球位置：1号球的发球最佳位置是将球发在停球区附近。

2号球的发球战术一般有两种：一是将球通过中心圆发向4号位附近；二是利用主动违例罚分获得较好的位置。

3号球的发球战术一般也有两种：一是发球时将球通过中心圆发向靠近2号球的地方；二是利用主动违例失分发球占据主动位置。

4号球的发球战术：4号球的发球原则是远离对方和本方的球。

（2）后发球战术

当1号球被蹴击出界后发球发向2号球，再用1号球蹴击2号球，在这种情况下，往往会出现2号球远离中心圆的情况，为了避免失误，经常采用主动失误的方法将1号球不经过中心圆靠近2号球，虽然会被判罚一分，但更加保险。采用这一战术，往往能使对方变主动为被动，以便于本方获得有利的击球位置。

2.双球战术

双球是指在一次蹴球过程中，利用分球技术使本球先后连续撞击两个目标球，造成获得连蹴两次的机会。比赛中获得两次连蹴权，就能大大增强攻击力量，有时可以使场上形势逆转。因此，蹴球比赛中，双球战术被运用得较为广泛，并且往往能够取得较为理想的战术运用效果。

3.5分球战术

用对某一目标球的连蹴得5分。利用3号球先轻蹴2号球得1分，不使2号球出界，并得到一次连蹴机会；然后再用该球将2号球蹴出界外，这样就造成1+4=5分的机会。如果一蹴就将对方的球蹴出界，连蹴时又无法击到对方另一球，这样就只能得4分。

4.回避球战术

回避球战术是指当本方对较远距离进攻无把握，而采用前进1米战术又会将本方球推至对方容易进攻的范围时，队员提出申请，经裁判员同意，可以不向对方球进攻而蹴向任何方向、任何距离，以避开对方进攻的球。每局比赛每个队员享有一次回避球申请权。实施回避球战术，能变被动为主动，给对方制造不利的局势，调节进攻节奏，为本方赢得有利形势。

5.前进1米战术

当双方球相距7米以上，攻击无把握时，可以采用规则允许的向对方球方向前进 1 米以上的战术行动。具体前进多少要根据双方球的实际距离及下一个对方队员的进攻能力而定。以两球相距 9 米为例，如下一个对方队员攻击远球能力较差，则可将球向前推进 3 米左右，此时两球相距 6 米，对方想攻却没把握，如对方也推进 1 米，那么轮到本方另一队员进攻时，两球仅相距 5 米左右，进攻就容易多了。如果对方队员攻击远球能力较强，则只能将球向前推进 1～2 米，此时两球相距还有 7～8 米，对方也难以进攻，只好向前推进 1 米左右，这样轮到本方进攻时，两球相距在 6 米左右。

6. 失分战术

当对方球或本方球被蹴击出界后，就会被放入停球区。有时对方球被放入停球区，下一次又轮到本方蹴击，本方球也须被放入停球区时（这种情况在比赛中比较常见，例如，对方击双球时，将本球及两个目标球都击出了界外，并且对方目标球先出了界外）就可以运用这种战术。

对方 2 号球在停球区，当本方 3 号球放球时应紧贴 2 号球，为下一轮用 1 号球蹴击连跳两次做好准备；当 1 号球击两个目标球后被判得 1 分和失 1 分，但获得了连蹴两次的机会，创造了更多的得分机会。

7. 犯规战术

出于对战略目标的考虑，或为破坏对方的有利形势，或为本方获取某种局部利益，在万不得已的情况下可以用积极的犯规手段来取得战术效果。犯规战术需要判断力和决心，并要冒一定的风险。

本方发球后即由对方进攻，在本方发球区的有效发球范围内对方已经占据有利位置时，利用发球不到位的主动失误战术，将本方球发向远离对方球的位置，增加对方球的进攻难度。

8. 借球战术

在双方球距很远，没有把握击中，同时自己的两球又离得很近的情况下，应该采用借球战术。就是自己攻击本方球，将本方球送到对方球附近，失 1 分，获得一次连蹴机会，这样有利于击打对方球而获得 4 分，虽然失小分，但获得大分，同时还能使对方陷入被动状态。

9. 同归于尽战术

所谓同归于尽战术，是指将对方球蹴出界的同时,本方球也出界的战术。例如，我方已得 36 分，对方得 37 分，此时，我方再得 4 分即先达 40 分为胜方。为确保一击即将对方球击出界外，在瞄准精确无误的情况下，可以大力击球，将对方球撞出界，即使本方球出界给对方加 2 分，对方也不足 40 分，本方即取得胜利。

第四节　毽球教学

一、毽球运动简介

毽球，简单来说就是我们平常所说的毽子，是一种用鸡毛插在圆底上做成的游戏器具。毽球运动，俗称"踢毽子"，又叫"攒花"等，是从我国踢毽活动发展而来的一种民族传统体育项目，有着悠久的历史。它简单易学、老少皆宜，集娱乐性、健身性和竞争性于一体，深受人们的喜爱，在民间广泛流传。毽子在不同的地方有不同的叫法，在北京，人们还给它取了一个富有诗意的名字——"翔翎"。

毽球运动是我国民间特有的一项具有浓郁民族特色的体育运动，其已经有上千年的悠久历史，从我国民间古老的广为流传的踢毽子游戏衍生而来，是流传于湘、鄂、渝、黔地区的民间传统体育娱乐项目。毽球运动可分为古代的踢毽子与现代毽球运动两个历史阶段，每个历史阶段又分为不同的历史时期，不同历史时期有着不同的发展、变革。

关于毽球运动的起源，说法不一，但就目前的资料显示，踢毽子起源于汉代，盛行于南北朝和隋唐，至今已有两千多年的历史。到了宋代又有了极大的发展，踢毽子活动十分盛行。在南宋的都城临安（今浙江杭州）踢毽子曾风靡一时。到清代，踢毽子不仅是娱乐游戏，而且还是一项竞赛活动，在社会上得到了广泛的开展。

目前，毽球运动发展得非常好，已经成为人们健身运动中的一个重要项目，受到人们的广泛欢迎，这与毽球运动的特点有一定的关系。具体来说，毽球运动的特点主要表现在几个方面：第一，踢毽子的运动量可随意控制，可根据自己的体能来确定运动量不受场地限制；其踢法多种多样，有正踢、反踢、交叉踢，有单人踢、双人踢、多人踢等不同花样，由此可以看出，毽球运动具有较强的趣味性。第二，毽子的整齐式多人合踢可以培养组织纪律性和互相合作的精神，而运动式多人合踢又能培养克服困难、争取主动、掌握有利时机的本领。因此，可以说毽球运动具有较强的意志塑造性。第三，发展踢毽运动还对其他体育项目运动技术的提高有促进作用。有人研究，踢毽子与踢足球有很多共同点，如果把它作为足球训练的一种辅助练习，是有价值的。因此，毽球运动具有较强的融合性。

二、毽球运动教学

（一）毽球运动的技术教学

毽球运动的技术教学主要包括移动技术、发球技术、踢球技术、传接球技术、攻球技术以及拦网技术等内容，具体如下。

1. 移动技术

毽球运动中，移动技术有很多，常见的主要有左右滑步、前上步、后撤步、跨步、跑步、并步、交叉步、转身等，具体如下。

（1）左右滑步

左右开立准备姿势，左（右）脚用力侧蹬，重心侧移，同时右（左）脚向侧迈出，左（右）脚迅速蹬地滑动，跟随右（左）脚移动，可连续滑步。

（2）前上步

前上步或斜上步时，踢球脚蹬地，支撑脚向前或斜前方迈一步，踢球脚跟上，呈踢球准备姿势。

（3）后撤步

后撤时，支撑脚向后踏，重心后移，同时踢球脚向后迈出一步，支撑脚跟上，呈踢球准备姿势。

（4）跨步

支撑脚向前或斜前方踏地，重心降低前移，踢球脚沿地面跨出，插入球下呈救球姿势，两手臂自然摆动保持身体平衡。该动作一般多在来不及移动或快速移动后衔接使用。

（5）跑步

当球的落点距离身体较远时采用。跑步时，起动的步子要小，步频要快，然后逐渐加大步幅，两臂要配合摆动，在接近来球时，减速制动，逐渐降低重心做好击球前的准备姿势。

（6）并步

前并步时，右（左）脚向前踏地，身体重心前移，左（右）脚向前迈一步，同时右（左）脚跟上并步。左（右）侧并步时，右（左）脚向左（右）侧踏地，重心向左（右）移，左（右）脚向左（右）侧迈出一步，右（左）脚跟上并步。

（7）交叉步

向右侧交叉步移动时，上体稍向右移，左脚内侧踏地从右脚前面向右交叉迈出一步，然后右脚再向右跨出一步，同时身体转向来球方向，保持击球前姿势。

（8）转身

转身时，以中枢脚的前脚掌为轴，重心移到中枢脚上。如向两侧变向，应用踏地脚的前脚掌内侧踏地；如前后转身时，则用前脚掌踏地，加之腰部的转动，改变身体的方向。一般情况下，转身变向后常与跑步、跨步等移动步法衔接使用。

2. 发球技术

根据发球部位的不同，可以将发球技术分为脚背发球、脚侧发球两种。

（1）脚背发球

脚背发球分为两种：一种是正面脚背发球，一种是侧身脚背发球。

①正面脚背发球。准备发球时，身体正对球网，前后开立，左臂自然前伸，掌心托球于体前。发球时，左手把球垂直向上轻轻抛起，球约在右脚前方 40 厘米处下落；发球队员重心前移，右脚踝关节绷直，利用抬大腿、踢小腿的动作，在离地面 20 厘米高度，抖动加力将球击出，把球发入对方场区。脚的击球部位应在脚背正面食趾的跖趾关节处。发球队员在发球时重心要跟进，踝关节要绷紧、绷直，大腿带动小腿。

②侧身脚背发球。准备发球时，身体侧对球网，左脚在前，两膝微屈，重心落在两脚之间，左臂自然前伸，掌心托球于体前。发球时，左手把球垂直向上轻轻抛起，球约在右脚内侧体前 50 厘米处下落；发球队员身体重心前移，以支撑脚的前脚掌为轴向左转体，踢球腿以髋关节为轴，大腿带动小腿由后向前摆动，脚背自然绷直，拇趾尖向斜下指，以脚背正面或稍外侧一点的跖趾关节部位击球，将球击入对方场区。

（2）脚侧发球

常用的脚侧发球技术主要有两种：一种是正面脚内侧发球，一种是正面脚外侧发球，具体如下。

①正面脚内侧发球。准备发球前，身体正对球网，前后开立站好。持球抛脚前，抬腿加转髋，内踝加力送推球。与正脚背发球的准备姿势基本相同，发球者重心前移，髋、膝关节外翻，屈膝向前摆动，当身体重心超过身体垂直面后，支撑脚向后踏地，加速重心前移，髋、膝关节加力外翻，发球脚踝关节背屈用脚弓内侧中部把球发入对方场区。而后发球脚迅速着地保持身体平衡。注意发球时要用大腿带动小腿。

②正面脚外侧发球。发球前，身体正对球网，两脚前后开立，左脚在前，发球时，抛球于右脚前，绷脚尖，右腿由后向前摆动，足踝内转，用脚外侧加力将球击入对方场区。

3.踢球技术

毽球运动的踢球技术，根据踢球部位的不同，可以分为膝盖踢球、脚部踢球两种，其中脚部踢球是最常用的技术。

（1）膝盖踢球

右手持毽子，两腿自然开立，右手将毽子向正前上方抛起，左腿支撑，右腿屈膝向上抬起（约与地面平行），用膝盖上方平面部位击毽子，当毽子下落至膝部上方20厘米时，大腿再向上摆发力击毽。动作熟练后可两膝交替进行。

（2）脚部踢球

根据脚部踢球的具体部位不同，可以将脚部踢球技术分为脚外侧踢球、脚内侧踢球、脚背踢球、脚前掌踢球以及倒勾踢球，具体如下。

①脚外侧踢球。左脚支撑，右大腿带动小腿，膝内收，小腿向体外侧上摆，击球的一刹那勾足尖，踝关节外屈端平，用脚背外侧把球向上踢起。等毽子下落至膝外侧时再重复踢毽。

②脚内侧踢球。两腿自然开立，左手持毽子于胸前，然后将毽子垂直向上抛起，下落至膝部时，右腿屈膝外展并正摆，用脚内侧中上部向上击毽子，等毽子下落后，再重复用右脚内侧上踢毽子。每踢一次，右脚落地保持身体平稳，然后，再继续踢毽子，踢毽高度可在肩以上，熟练后可两脚交替踢。

③脚背踢球。右手持毽子，两腿自然开立，右手将毽子向正前上方抛起，等毽子下落到膝盖下方时，屈膝，脚背抬平向上踢毽，上体微向前倾，注意体会球感并控制踢毽高度，脚背垂直向上用力。熟练后可两脚交替踢。

④脚前掌踢球。具体来说，常见的脚前掌踢球技术具体分为两种：一种是脚前掌身后踢球，一种是前脚掌拍压球。

A.脚前掌身后踢球。当来球落在紧靠身体后面时，一腿微曲站立，踢球腿屈膝，小腿向后方摆起，使脚前掌对准来球。同时，上体稍微转向来球一侧，在踢球的一刹那，脚踝绷直并用力，用脚前掌将球踢起。

B.前脚掌拍压球。面对球网站立，当球在球网前时，一腿微曲支撑，踢球腿抬大腿屈膝提起，前伸小腿，使脚前掌对准来球。同时，支撑腿稍屈，提脚跟，上体后仰，双臂稍曲前摆。在踢球的一刹那，小腿前伸，脚面绷直，脚踝用力，以前掌拍压动作将球击入对方场区，可跳起用脚掌拍压。

⑤倒勾踢球。背向球网两脚平行站立，如右脚踏地起跳，则左腿屈膝上摆，上摆到最高点时，左脚迅速下落，同时右腿屈膝，大腿带动小腿用力上摆，以脚趾或脚跟部位踢球，随后左右脚先后落地，并保持身体平衡。

4.传接球技术

根据传接球的部位不同，可以将传接球技术分为脚部传接球、腿部传接球、胸部传接球以及头部传接球，其中，脚部传接球是最常用的传接球技术。

（1）脚部传接球

根据脚部传接球时运用的具体部位不同，可以将脚部传接球技术分为脚内侧传接球、脚外侧传接球、脚背传接球三种。

①脚内侧传接球。准备用脚内侧传接球时，两脚前后自然开立，踢球脚在后，两膝微屈，两手臂放松自然下垂于体侧。眼睛注视来球，接球时，身体重心应移到支撑脚上，踢球腿大腿带动小腿由后向前上方摆动。在摆动过程中应逐渐形成髋关节外张、膝关节弯曲、踝关节内翻的基本姿势。击球的一刹那脚部击球面端平，击球部位应在脚弓内侧面的中部，击球点一般应在支撑腿膝关节高度之体前40厘米处。为了保证传接球的质量，要注意击球的全过程应柔和协调，大腿、小腿应完成向前上方送球的动作，尽量准确地做每一个动作。

②脚外侧传接球。确定好要用脚外侧传接球时，两脚自然开立，两膝微屈，双眼注视来球。接球时，重心移到支撑脚上，击球腿的髋、膝关节内扣，踝关节背屈，膝、踝关节外翻，使脚外侧尽量与地面平行，利用小腿快速屈膝上抬的动作向体后上方击球。脚接触球的部位在脚外侧面的中部或中后部。为取得较好的传接球效果，要注意保证击球点的高度，一般以不超过膝关节为宜。

③脚背传接球。准备用脚背传接球前，两膝微屈，重心下降，做好准备姿势。接球时，一脚支撑身体，另一脚主动插入球下，脚背与地面基本呈水平，当球快落到脚背上时，利用适度的伸膝和踝关节背屈的协调勾踢动作，把球向上踢起。击球部位应在脚的跖趾关节处，离地面10～15厘米的高度适宜作为击球点。为了提高或保证传接球的准确性和成功率，具体可通过脚背面的变化、踝关节背屈勾踢的程度来调整击出球的方向、弧度和落点。

（2）腿部传接球

两膝微屈做好准备姿势。当球飞近大腿时，重心移到支撑腿上，击球腿自然屈膝，大腿带动小腿由后向前上方快速抬起，用大腿的前1/3处击球，抬腿力量的大小应根据球的弧度和落点要求加以控制。腿接触球时应与地面保持一定角度，形成良好的反射角。这种传接球方法的重点是要把握好来球的方向和击球的方向，应尽量避免因没有准确把握击球部位而导致出现失误。

（3）胸部传接球

准备传接球时，判断来球，移动胸部。当来球偏低时，可采用屈膝姿势，偏高则可跳起用胸部接球。击球时，两手臂微屈自然置于体侧，身体自然挺胸、伸膝，身体重心上移，给球向前上方一个作用力，使球呈小弧度飞行下落。由于胸部活动范围小，一定要控制好球的飞行方向，可根据具体情况运用左右转体、压肩动作对球的飞行方向进行适当调整。由于胸部传接球的灵活性较差，不太方便发力，因此，为保证传接球的质量和成功率，一定要注意把握好来球的速度和方向。

（4）头部传接球

准备进行传接球时，首先要准确判断来球方向，及时移动使身体正对来球方向。当来球飞近额前时，头颈应有主动迎球的动作。当球快触击到前额的一瞬间，及时抬头触击球，顺势把球击起。整个动作要连贯，使触击前额的球向前上方呈小弧度下落。头部击球动作可根据来球的高低，在原地或跳起在空中完成。注意进行传接球时，眼睛要一直注视着球，直到根据场上情况，将球传向处于有利位置的队友那里，或直接打入对方场区。另外，还要注意把握好来球的方向和速度，以保证传接球的质量。

5. 攻球技术

毽球运动中的攻球技术，根据攻球部位的不同，可以分为头部攻球和脚部攻球两种。其中，最为常用的攻球技术为脚部攻球。

（1）头部攻球

队员站在限制线后 1.5 米左右的地方，正对球网，面对来球，观察二传的传球情况，根据传球的弧度和落点不同，采用不同的助跑方式起跳，上体挺胸展腹、扭腰、向后预摆头，使身体呈反弓形。当球离头 10 厘米左右时，利用收腹转腰来带动屈颈做"狮子摆头"动作，在额前用挥鞭子式的抽击动作将球攻入对方场区。落地时，应由前脚掌过渡到全脚掌，同时顺势屈膝，立即准备做下一个动作。

（2）脚部攻球

根据脚部攻球的具体部位不同，可以将脚部攻球技术分为脚背攻球、脚掌攻球两种，每种脚部攻球技术又可以分为不同的具体技术。

①脚背攻球。

A. 里合脚背倒勾攻球。背对球网站立，两膝微屈，判断二传来球，调整好准备姿势。助跑起跳要充分，摆腿和摆臂动作要协调有力，并准备向左侧转体。起跳腾空后，摆动腿膝外展，向左转体，击球腿由外向内里合摆腿，使身体向左旋转。击球时，当球落在左肩的上方时，膝关节快速发力，最后用踝关节的勾踢动作把球攻入对方场区。击球后摆动腿先落地缓冲，击球腿随后落地，马上进行下一个动作的准备。

B.外摆脚背倒勾攻球。准备好用外摆脚背倒勾攻球技术时，稍向右侧身背对球网站立，两膝微屈，两眼注视二传来球情况。起跳时，膝踝关节充分踏直，摆腿和摆臂动作有力。身体腾空后，击球腿迅速屈膝上摆。击球时，当球落在头上方右侧约50厘米处时，击球腿迅速外摆，膝关节猛力伸踢，最后用踝关节的勾踢动作把球攻入对方场区。击球后，应控制击球腿在空中的动作幅度，以防触网犯规。落地时，注意摆动腿应先落地缓冲，击球腿随后落地，以使身体保持平衡，并做好准备迎接下一个来球。

C.凌空里合脚背倒勾攻球。背对网两膝微屈做好准备姿势。二传传球后，攻球队员判断球离网的远近和弧度，及时采用合适的助跑方式进行助跑起跳。起跳时摆动腿，手臂积极上摆，并伴有向左转体的动作。身体腾空后，摆动腿膝外展，身体后仰左转，起跳腿迅速屈膝里合上摆，踝关节自然绷直，整个空中击球过程中身体几乎处于平卧凌空状态。击球时，当球落在左肩外侧、头的前上方时，击球腿充分抬高，利用腰腹力量的转动和小腿的加速摆动，最后用踝关节有力的勾踢动作把球攻入对方场区。攻球结束后，为保持身体的平衡，身体继续左转，击球腿下摆，然后右脚和左脚依次缓冲着地，准备迎接下一个来球。

②脚掌攻球。

A.正面脚掌前踏攻球。队员两膝微屈面对球网站立，判断二传来球，通过合适的助跑选择最佳支撑脚的位置，随后击球腿的踝关节自然背勾，大腿带动小腿迅速上摆到最高点，支撑腿伸直。提踵或跳起提高击球点，两臂自然上摆，身体向上伸展，控制平衡。击球时，一般当球落在头前上方离身体50厘米处时，击球腿依次利用髋、膝、踝的力量"鞭打式"下压，用脚掌前1/3处击球。远网球可展髋发力，近网球可屈膝踏球，还可利用身体方向的变化打出不同线路的球。

B.侧身里合脚掌前踏攻球。身体侧对网站立，判断来球的情况，支撑腿上步调整人与球的最佳位置，随后击球腿直腿向上里合摆动到最高点，脚自然绷直，踝关节内翻。击球时，当球落在头前上方时，迅速利用转身里合腿的动作，加快摆腿速度并用脚掌的前 1/3 处击球。在大腿里合摆动的同时，应加上小腿屈膝的协调动作，增大攻击的威力。击球后应屈膝收腿，以防触网，击球腿落地时，身体应向异侧方向转体 90°～180°，控制好身体的平衡，准备迎接下一来球。

C. 正面倒勾脚掌吊球。攻球前，攻球队员背对网，两膝微屈做好准备姿势，两眼注视来球情况。当判断二传来球离身体较近，落点在头前上方附近时，原地不动或调整一小步，保持好人与球之间的合理距离起跳，起跳动作要与脚背倒勾强攻的动作基本相似，身体腾空后突然变脚背倒勾动作为脚掌吊球。击球时，击球腿微屈上摆，逐步伸直，踝关节背屈，当摆到脚底与地面几乎呈水平时脚掌击球，运用腿向后摆的托送动作，把球吊入对方场区空当。完成空中击球动作后，击球腿自然前摆下落，摆动腿先落地缓冲，控制身体平衡，并做好准备，迎接下一来球。

6. 拦网技术

常见的拦网技术主要有两种：一种是原地拦网，一种是移动拦网。具体可以根据实际需要进行有针对性的选择和运用。

（1）原地拦网

准备拦网时，拦网队员站在网前，离网 30～40 厘米，两膝微屈，与肩同宽，自然收腹，上体稍前倾，两臂自然置于体侧，目视攻球者。当对方攻球时，两脚用力踏地起跳，两臂自然下垂，夹紧放于体侧稍前，身体保持提腰收腹挺胸的迎球姿势，原地跳起拦网。

（2）移动拦网

准备拦网时，盯住对手击球点，网前滑步选准位。两膝微屈，与肩同宽，自然收腹，上体稍前倾，两臂自然置于体侧，目视攻球者。准确把握好起跳时机，当对方攻球时，及时移动选择好封堵主要线路，两脚用力踏地起跳，将球拦至对方场地。封网击球可根据情况采用压肩主动击球和保持迎球姿势被动击球。击球后，身体应控制平衡自然下落，双脚前脚掌先着地，并屈膝缓冲，准备完成下一个动作。

（二）毽球运动的战术教学

毽球运动的战术，大致可以分为两种，即进攻战术和防守战术。每种战术又可以具体分为不同的战术打法，具体如下。

1.进攻战术

毽球运动中，基本的进攻战术主要有二传队员配合战术、封网队员配合战术、1号队员配合战术、2号队员配合战术以及其他常用配合战术。

（1）二传队员配合战术

二传队员配合战术的具体打法主要有以下几种。

①自传自攻配合。2号队员接起给3号二传队员，二传队员自传网前高球，突然上步抬腿正面脚掌踏球，把球攻入对方场区。

②前踏助攻配合。当对方把球发给1号队员时，1号队员一次起球给3号二传队员，2号队员移动到网前倒勾吸引对方封网队员的注意力，1号队员准备前踏干扰对方。此时二传队员，利用第一次击球的机会突然击球高出网面，朝网前上方自传，并助跑前踏攻球。这一战术主要是采用虚虚实实、真真假假的战术，在对方放松警惕时，突然助攻，形成多点进攻。运用该战术需要注意的是，二传队员自传时稍近网并不宜过高。

③直接一次传组织进攻配合。当对方发球到3号位中前场，难度不大时，3号位的二传队员运用二次击球机会直接组织进攻，2号队员判断自己没有起球任务后应及时移动到网前倒勾进攻，1号队员迅速移动到限制区内保护。

④突然助攻配合。当对方发球到2号位中前场，难度不大时，2号队员运用二次击球，突然一次传给3号位的二传队员后，3号二传队员正面脚掌踏球把球攻入对方场区。

（2）封网队员配合战术

封网队员配合战术的具体打法主要有以下几种。

①封网队员担任二传的配合。当二传队员上网封堵时，后排防守队员把球防起到中间网前，担任封网队员的二传应迅速转身后撤，并可把球传给移动到网前的后排队员前踏进攻。

②里合倒勾的配合。在防反中，当3号队员两次击球防起，落点又在2号队员体前时，担任辅助二传任务的2号队员可把球传给完成封网落地后转身准备倒勾的队员，里合倒勾进攻。

（3）1号队员配合战术

①正面头攻二传球的配合。当2号队员起球到位后，1号队员移动到正面头攻的最佳位置做好准备，3号二传队员把球传起，1号队员直线助跑正面头攻把球攻入对方场区。

②外摆倒勾配合。当对方发球给2号队员时，2号队员一次起球到位，3号二传队员传球给迅速移动到网前的1号进攻队员倒勾。

③侧面头攻二传球的配合。当1号队员（或2号队员）起球到位后，3号队员担任二传把球传起，1号队员斜线助跑侧面头攻把球攻入对方场区。

（4）2号队员配合战术

①前踏二传球的配合。1号队员起球到位后，3号队员迅速移动到网前担任二传，并把球拉开传到2号队员体前上方，2号队员前踏进攻。

②倒勾的配合。1号队员一次接起到位，2号队员移动到网前倒勾，3号队员担任二传把球传给2号队员进攻，1号队员起球后，移动到限制区内保护。

③外摆倒勾配合。当1号队员起球到位后，3号二传队员把球传给移动到网前的2号队员外摆倒勾进攻。

（5）其他常用配合战术

毽球运动中，除了以上具体的进攻打法外，还有一些常用的其他战术打法，常见的主要有以下几种。

①倒勾与正面踏球进攻的整体配合。1号队员一次接起到位，2号队员迅速移动到网前准备倒勾，1号队员起球后向2号位移动，准备踏球进攻，3号队员根据战术需要传集中的倒勾球或拉开球。

②拉开前踏的配合。当对方把球发给2号队员时，2号队员一次起球给3号二传队员，1号队员移动到网前倒勾牵制对方封网队员，二传队员突然分球拉开给2号队员前踏攻球。要求起球应一次到位，二传第一次击球调整好人与球的关系，前踏队员应移动到进攻的位置，随时准备形成两点进攻。

③倒勾队员自传调整后自攻配合。3号队员一次传球组织进攻，因传球离网太远，上网准备倒勾的2号队员做一倒勾假动作干扰对方然后自传自攻。

④双倒勾配合。当2号队员起球时，1号队员及时移动到网前靠3号位准备担任主攻倒勾，2号队员起球后，快速移动到网前稍靠2号位形成双倒勾的站位形式，3号二传队员根据情况选点传球。要求接发球、起球和二传第一次传球的弧度稍高一点。为给倒勾队员移动提供充分的时间，靠3号位的1号倒勾队员一般以强攻为主，靠2号位的2号队员则以小弧度、快速进攻为主，如果二传队员能较隐蔽地分球，配合娴熟，可有效地突破对方的封网。

⑤立体配合。当2号队员接球传给3号队员后，迅速移动到网前准备倒勾，1号队员移动到位后，2步或3步助跑头攻3号二传的传球。要求二传弧度不宜

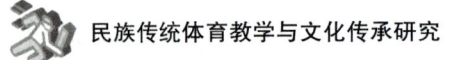

过高，离网约 1.2 米。头攻队员准确判断传球，及时起动，斜线助跑前冲起跳，把球攻入对方场区。

2. 防守战术

毽球运动中，常见的防守战术主要有不封网防守战术，二传向前传球后跟进保护战术，一人保护、一人留中场战术，堵中放边防守战术，一封二防防守战术以及二封一防防守战术，具体如下。

（1）不封网防守战术

前排 2、3 号位队员主动后撤到离网 2.5 米处，后排 1 号位队员站到 4.5 米左右的地方，扩大防守的区域，以防中、后场为主。在配合过程中，1 号位队员除防正面攻过来的球以外，还要防落入后场的球，靠前或靠后站位应根据进攻队员攻后场的能力，以及当时的攻球动作来确定。2、3 号位队员应根据对方攻球的线路变化特点，及时调整防守位置。

（2）二传向前传球后跟进保护战术

当 1 号队员倒勾攻球时，2 号队员移动到倒勾队员身后保护，3 号二传队员传球后，立刻移动到倒勾队员体前附近保护。

（3）一人保护、一人留中场战术

1 号队员移动到倒勾位置伴攻，3 号二传队员把球拉开给 2 号队员前踏进攻，倒勾队员及时转身保护，3 号队员没有保护任务，后撤中场，防止后场空虚。

（4）堵中放边防守战术

堵中放边防守战术指网前两名队员全力封堵中路进攻，迫使对方变斜线进攻的防守站位。当对方以直线进攻为主，线路变化幅度较小时采用。配合时，两名封网队员正对进攻点，紧贴起跳空中内靠，两人之间的间隙应尽量减小。要注意起跳后，一定要将身体的平衡控制好，避免发生撞击相互干扰，影响战术效果。后防队员随时准备向两侧移动防守。

（5）一封二防防守战术

当对方 3 号位的倒勾队员上前进攻、封网时，前排队员或辅助二传移动到 2 号位防守，二传队员到 3 号位防守。站在 1 号位担任后排防守的队员应重点防守落在中、前场的右斜线攻球和直线攻球，并兼顾同侧后场球。站在 3 号位的防守队员则重点防守一般左斜线攻球和大斜线攻球，并兼顾同侧后场球。后排防守队员的取位应根据对方进攻的具体变化，以及本方封网情况及时预测，移动卡位，防住可能性最大的进攻路线。防守站位与封网配合时,一般不能站在封网队员身后的区域内,这需要重点注意一下。

(6)二封一防防守战术

二封一防防守战术指网前两名队员全力封堵两边斜线进攻,把中间直线攻球留给后排队员防守的站位方法。这种站位,防守对方线路变化幅度较大的攻球时效果较好,特别是在防守对方集中传球、中间进攻时采用。较多的配合是,两名封网队员向内移动,选好起跳点,其间隙约为40厘米,后排防守队员正对间隙防守,取位根据对方攻球线路的长短来定。

第五节 珍珠球教学

一、珍珠球运动简介

珍珠球,俗称"采珍珠""投空手",由模仿采集珍珠的生产劳动演变而来,是满族中流传的体育项目。据《文献通考》记载,珍珠球作为一种传统体育项目在民间广为流传,距今已有三百多年的历史,现已成为全国少数民族传统体育运动会的竞赛项目。

在古代,居住在松花江、牡丹江以及嫩江一带的满族采珠人将采珍珠的工具——抄网,当作游戏器材,并模仿采珍珠的劳动过程发明了"采珍珠"游戏。此游戏最初在河中进行,后来移至陆地上。居住在白山黑水之间的青年男女在采珠之余,欢庆收获之际,用布包、绣球或猪膀胱(充气)代表珍珠,竞相往鱼篓中投,或用抄网将球抄入网中,投(抄)中者预示未来出海时可以采集到更多的珍珠。同时为了展示人们与风浪拼搏的艰险,更将蛤蚌神化,"蛤蚌精"张开贝壳,防卫着珍珠不被采走,于是演变成一种攻防兼备的满族传统体育运动项目,显示出满族先人的聪明与才智。

采珍珠游戏后来发展为满族儿童用内装黄豆的布包进行投接的一种游戏活动。它模仿采珍珠的劳动情景,在活动中用"绣球"象征珍珠,竞相往网中投掷,同时,要有1~2人每人手拿两片大蛤蚌壳,用以阻止珍珠进网,不让对方采走珍珠,于是一种与生产劳动紧密联系的有攻有守的,以跑、跳、传、投为主的体育项目便形成了。随着满族进入辽、沈后分居于内蒙古、河北、北京、新疆等地,采珍珠活动随之也带到了与汉族杂居的地方。

民国初期，随着清王朝的灭亡和时代的变迁，采珍珠游戏逐渐失传。

新中国成立后，特别是改革开放以来，在党的民族政策指引下，珍珠球运动经过挖掘与整理显现出新的活力。1983年北京市委组织在京的民族传统体育专家、学者，对"采珍珠"游戏进行挖掘、整理、改进，同时参照篮球、手球规则编写出"采珍珠"游戏规则，并正式更名为"珍珠球"。珍珠球运动的特点主要表现在三个方面：一是，珍珠球运动的激烈程度比较强，变化更加复杂、灵活，珍珠球比赛在水区的运动类似于篮球和手球，要求运动员跑、跳、运、传、射，所以从某种角度上讲，珍珠球运动比篮球、手球的比赛更加变化多端和激烈；二是，珍珠球运动的技战术借鉴性较强，需要有针对性地选用；三是，珍珠球运动对抗的不平衡性在比赛中较为显著，珍珠球比赛攻、防对抗的不平衡性表现出此项运动的不完善性，因为一个集体项目攻、防对抗的不平衡，在一定程度上影响了该项运动的普及和推广。

珍珠球运动之所以能够在我国得到较好的传播和发展，与其较高的价值是分不开的。首先，珍珠球运动由于其场地器材比较简单，比赛竞争激烈，可操作性和观赏性都比较强，有一定篮球和手球运动基础的人很快就能够进入角色，因此，深受接触过此项运动的人士喜爱。其次，珍珠球运动对人的身体素质要求比较全面，需要良好的力量、速度、耐力、灵敏素质和弹跳力，因此，通过参加此项运动，能够改善呼吸和循环系统的功能，提高速度、弹跳及力量素质。最后，珍珠球运动独特的运动形式能够提高人的观察、判断、反应和协作能力，培养参加者勇敢顽强的意志品质和集体主义精神。

二、珍珠球运动教学

珍珠球运动的教学主要包括两方面的内容，即珍珠球运动的技术教学和战术教学，具体如下。

（一）珍珠球运动的技术教学

珍珠球运动的技术教学主要包括传球技术、接球技术、运球技术、投球技术、持球突破技术、抄网技术以及防守技术。

1. 传球技术

常用的传球技术主要包括两种，即单手肩上传球和单手体侧传球。

（1）单手肩上传球

两脚前后开立，两膝微屈，重心落在右（后）脚上，左肩侧对传球方向，右手持球于体侧。准备传球时，右手将球由下向后引至肩上，掌心对着传球方向；传球时右（后）脚踏地，重心前移并向左转体，以肩带肘，向前挥臂，在球即将离手的瞬间屈腕，用食指、中指、无名指的力量将球传出。在珍珠球运动中，单手肩上传球是最基本的传球方法，其具有迅速有力和攻击性较强的特点，运用较为广泛，并且运用的灵活性较强，能够根据场上情况进行灵活的变化，已达到理想的技术运用效果。

（2）单手体侧传球

两脚前后开立，两膝微屈，重心落在右（后）脚上，右手持球于体侧。传球时，利用右脚踏地，向左转体带动右臂，以肘领先，前臂与地面平行向传球方向挥摆，掌心对着传球方向，最后用屈腕和食指、中指、无名指的力量将球传出。因单手体侧传球具有出手快、动作幅度小、便于突破时与其他射球技术结合运用的特点，在比赛中运用得十分广泛；又因其往往能够创造较好的进攻机会，因此，是比赛中非常重要的技术方法之一。

2. 接球技术

常见的接球技术主要有两种：一种是单手接球，一种是双手接球。

（1）单手接球

五指自然分开呈勺形，向来球伸出，当球触手后，手臂顺势回收缓冲，然后直接挥臂射球或呈单手持球姿势。注意在接球之前一定要准确判断来球的方向和速度。

（2）双手接球

接球时，两眼注视来球，两臂向来球伸出主动迎球，五指自然分开稍向上翻，手掌向前呈半球状，当球触及手指的瞬间，两臂迅速随球向后回收缓冲把球接住，同时保持身体平衡，以便做下一个动作。注意在接球之前一定要准确判断来球的方向和速度。

3. 运球技术

两眼平视，五指自然分开，以肘为轴，手心向下，用力向前下方拍按，球的落点在身体侧前方，球的反弹高度在胸腹之间。如果向前直线运球，拍在球的后上方；如果向左或右变向时，拍球的部位有所改变，要拍在球的右或左侧后方。

4. 投球技术

投球是进攻队员为将球投向球网而采用的各种专门动作的总称。根据不同的划分标准，可以将投球技术分为不同的类别。如以投球的动作为划分依据，可将投球技术分为三种，即原地投球、跑动投球和跳起投球；以投球出手的部位为划分依据，可以将其分为五种，即原地单手肩上投球、跑动单手肩上投球、向前跳起单手肩上投球、向上跳起单手肩上投球和跳起体侧投球等。

5. 持球突破技术

持球队员运用脚步动作和运球技术超越对手的一项攻击性技术，即持球突破技术。比赛中，掌握好突破时机，合理地运用突破技术，不仅能够直接切入得分，还能打乱对方的防守部署，创造更多的攻击机会，给对方防守造成较大的威胁。在珍珠球比赛过程中，要想取得理想的进攻效果，就不能单独采用持球突破战术，而是要将突破与投球、分球有机地结合在一起进行综合运用，这样就能够大大提高技术运用的灵活性和成功率。

6. 抄网技术

珍珠球运动中，常用的抄网技术主要有三种，即抄高抛球、抄平快球以及抄反弹球，具体如下。

（1）抄高抛球

抄高抛球时，采用侧身站立，使抄网面与来球成直角，并抄球的低点；若来球是低弧度球或球的落点在得分区时，采用排球扣球技术抄球的高点。

（2）抄平快球

抄平快球时，应掌握好时间差和空间差，向前平伸抄网引导投球队员将球抄中。

（3）抄反弹球

抄反弹球时，应与水区队员建立目光和信号联系，使网面朝下抄反弹球。

不管采用哪种抄网技术，抄网队员都要注意抄球的时机、角度和抄球点等，因为这些是抄网技术的关键，也在很大程度上决定着比赛的胜负。除此之外，水区队员投球的弧度、速度、节奏和球的落点等因素也要充分考虑，以避免出现技术上的漏洞。

7. 防守技术

封锁区队员防守应侧身站位，多采用滑步、交叉步和侧身跑技术，将抄网队员置于2名持拍队员之间，当来球弧度高、速度快时，采用单拍上捅方式改变球的路线，破坏对方抄网。当来球弧度平时，用双拍封挡、夹接球。另外，2名持拍队员要注意配合，组成更大的防守面积：当1名持拍队员防高点时，另一名持拍队员防低点，在规则允许的范围内影响抄网队员的视线；当 1 名持拍队员防前点时，另一名持拍队员防后点以及防止抄网队员反跑抄球。

（二）珍珠球运动的战术教学

珍珠球运动中，根据战术实施者的不同，可以将战术分为水区队员战术、得分区抄网队员战术、封锁区持拍队员战术。这三种战术又都分别可以分为两大类，即个人战术和基础配合战术。具体如下。

1. 水区队员战术

（1）个人战术

水区队员个人战术主要可以分为两种：一种是无球战术，一种是有球战术。其中，无球战术又可以分为进攻无球战术和防守无球战术两种。

①无球战术。

A. 进攻无球战术：掩护、摆脱防守（变速摆脱、变向摆脱、假动作摆脱）、切入（纵切、横切）以及移动调整位置等。要求做到判断准确、动作突然、起动快速。

B. 防守无球战术：防有球队员时应积极防其投（球）、突（破）、传（球），并重点防守对方强侧手（抄网手），限制对方行动，破坏其习惯动作，积极进行抢、打、断球和抢位等；在防无球队员时应做到"两抢一卡一协防"，即抢占有利位置、抢球，卡对方移动路线，随时协助同伴防守。要求做到判断准确、动作突然、起动快速。

②有球战术。发动运球、快攻、投球、突破以及传球助攻等技术。

（2）基础配合

珍珠球运动的水区队员基础配合战术主要包括三种，即传切配合、掩护配合以及突破分球配合。

①传切配合。传切配合指队员之间利用传球和切入技术所组成的简单配合。持球队员传球后，先用假动作摆脱对手，再接球进攻。注意配合的密切程度，假动作要逼真。

②掩护配合。掩护配合是指进攻队员选择正确的位置，运用规则允许的动作挡住同伴防守人的移动线路，帮助同伴摆脱防守获得接球进攻机会的配合方法。应与同伴密切配合，尽量避免出现失误。

③突破分球配合。突破分球配合是持球队员突破对手后，遇到对方的补防或协防时，及时将球传给进攻时机最佳的同伴的一种配合方法。

2.得分区抄网队员战术

（1）个人战术

常见的个人战术主要有抄网队员假起跳、真摆脱抄时间差球，假摆脱、真起跳抄时间差球，同侧移动、异侧反跑抄球等。在珍珠球运动的比赛中，抄网队员个人战术运用得好坏，在很大程度上决定着比赛的胜败，因此，一定要重视抄网队员的个人战术的运用，只有这样，才能够使队伍的战术多样化、实用化，并且最终取得理想的战术运用效果。

（2）基础配合

珍珠球运动的得分区抄网队员基础配合战术主要分为两种：一种是抄网队员与水区队员的基础配合，一种是抄网队员与投球队员的基础配合。

①抄网队员与水区队员的基础配合。在珍珠球比赛中，水区队员通过配合出现的投球点尽可能在抄网队员强侧手（抄网手）一边，从而使抄网队员抄球时更为方便。这是珍珠球比赛中常用的基础配合方法之一。一定要将提高水区队员与抄网队员的基础配合意识和能力作为重要战术培训内容，只有这样，才能取得较为理想的战术运用效果，才能够更大程度地取得比赛的胜利。由此可以看出，水区队员与抄网队员的基础配合成为进攻战术体系的关键，水区队员投球的准确性（落点和弧度），抄网队员抄球的时机及其时空判断力直接影响着进攻成功率。因此，一定要充分考虑这些方面，并对此引起足够的重视，保证比赛的胜利。

②抄网队员与投球队员的基础配合。

A.高抛球配合。投球队员向抄网手的强侧投高弧度的球，要求最高点要越过封锁区队员跳起能达到的高度。落地要求准确。力争得到2分。

B.快球配合。当抄网队员已经摆脱封锁区防守时，投球队员应以最快的速度投出直线球。要使快球配合做得较为完善，就一定要做到力量大、速度快，高度在同伴的膝到头部之间等，只有这样，才有可能有效完成基础配合，取得较为理想的战术运用效果。

C.边线外的配合。这个配合是根据珍珠球规则的特点设计的，即投球队员和抄网队员都在边线外的空中完成投和抄的动作。这个动作要求队员的身体素质和默契程度要非常高。这种球不仅具有较强的观赏性，而且还能够大大提高进攻队的士气。

3. 封锁区持拍队员战术

（1）个人战术

作为球队的最后一道防线，持拍队员个人战术行动对球队的士气和胜负起着尤为重要的作用，特别是在防守由水区投来的平快球、反弹球以及半高球时更为重要。因此，在训练中，应重点训练持拍队员的脚步动作并重视按压、夹接、封挡、挑拨等持拍防守技术的结合，只有做好这些方面，才有可能成功地守住最后一道防线。尽量减少失误的发生，鼓舞本队士气，从而取得更好的比赛成绩。

（2）基础配合

这里所说的基础配合，主要是指持拍队员与水区队员的基础配合。珍珠球比赛攻强守弱的特点和规则的制约，使得水区队员与持拍队员的基础配合相对较少。因此，只有首先将持拍队员的技术综合运用能力提高，才有可能在现有条件下，使防守的力量得到进一步的提高。常见的方法有，持拍队员单拍拦截球后，可直接用单拍将球抛传给水区的同伴，以发动快攻。水区队员与持拍队员的基础配合主要适用于发动快攻、防守反击等。

第七章　民族传统体育之综合项目教学

本章分为龙舟教学、民族武术教学、民族健身操教学、民族中国式摔跤教学四部分，主要包括龙舟运动简介、民族武术教学的价值与策略、民族健身操教学的要求与方法、民族中国式摔跤教学的原则与策略等内容。

第一节　龙舟教学

一、龙舟运动简介

（一）龙舟运动的概念界定

汉典网解释龙舟为：狭长的龙形舟船，多人同时划动数桨，用作竞渡比赛。

国际龙舟联合会官网上对龙舟运动进行了概括：有着 2000 多年历史文化的中国典型传统活动，具有传奇性、象征性和爱国主义精神。19 世纪 70 年代便开始了国际性龙舟赛事，至今已发展成为兼具娱乐性与竞赛性的现代运动，并成立了国际龙舟联合会。在国龙联的管理下，龙舟已成为一项高效独立、充满活力的划桨运动，拥有亚、欧、美、大洋洲众多参与者。总之，现行的龙舟（龙舟运动）是一项具有古老传统的现代运动，拥有众多划桨参与者，让不同年龄层次和能力水平的人体验其严肃竞技性和认真娱乐感。

有学者从体育民俗文化的角度定义龙舟竞渡：是中国典型的体育民俗事象之一，也是中华民族特有的一种文化现象。

还有学者通过比较龙舟和划艇项目来概括龙舟运动：是速度、力量、耐力与技术相结合的水上运动项目，需要运动员面向前进的方向划桨，并保持周期性的技术动作，属于体能主导类、以有氧供能为基础，以速度、力量、耐力为主的周期性运动项目。长期以来，人们主要关注其比赛的距离和时间。

中国龙舟协会对龙舟运动的介绍为：它是一项汇集众多划手、将单片桨叶的划桨作为推进方式、运用肌肉力量向船后划水、推动舟船前进的运动。龙舟运动通过为标准比赛龙舟配备龙头、龙尾、鼓（鼓手）、舵（舵手）来保持中国民俗传统，可在传统龙舟比赛中设立锣（锣手），并根据区域民俗特点，可保留龙舟造型在头、尾设计方面（包括凤舟、象牙舟、龟舟、虎头舟、牛头舟、天鹅舟、蛇舟等形状）的原有规格和名称。

总的来讲，龙舟（运动）兼具中国民俗传统和运动项目的特征。

（二）龙舟运动的发展特征

在回顾龙舟运动的历史演变进程中，对其形成与发展追本溯源，通过结合已有研究和相关的理论基础，在感受龙舟运动巨大的文化魅力之余，不断加深对该传统运动项目的认识、理解和总结，从而提炼出龙舟运动所特有的发展特征与属性。

1. 文化内涵突显

龙舟运动作为一项非物质文化遗产项目，是中华民族长期以来积淀形成的文化瑰宝。其文明成果主要体现在以下几方面。

①天人合一、兼容并蓄的哲学伦理。在要素汲取上，传统龙舟的构架以生动形象的龙图腾为根底，以天然的水生态环境为依托，以击鼓之士气为动力，以同舟共济的精神为灵魂，与自然融为一体，和谐共生。

②心系祖国、忧国忧民的爱国情怀。端午节赛龙舟这一习俗与纪念著名历史人物屈原息息相关，因此，龙舟运动也将屈原的爱国情怀融入其中，比赛过程中有利于弘扬爱国主义精神，增强群众凝聚力和向心力。

③团结进取、奋勇拼搏的精神气概。比赛过程中，龙舟运动比赛要求全员通力协作并相互协调，所有参赛队员与龙舟相融共生，为共同的目标和方向不畏艰难、勇往直前，将团结进取、奋勇争先的精神体现得淋漓尽致。

2. 价值意蕴丰富

优秀的中华传统文化是民族精神形成的关键，是我国社会主义核心价值观的重要理论源泉。龙舟运动作为一项传统的民俗体育项目，体现着独具魅力的东方智慧，其精神内涵也呈现着中华民族传统文化中最为深层的含义。龙舟运动的价值主要体现在以下几方面。

①运动健身价值。龙舟运动集比拼速度、耐力、灵敏度等素质于一身,通过参与龙舟的训练、比赛等活动,参与者能够在实践的过程中逐步提高运动技术、增强身体素质、调节身体机能水平并改善身体的不良形态,使得龙舟运动在健身领域的积极效果得以充分呈现。

②文化教育价值。龙舟运动表现形式丰富多样,其项目所蕴含的爱国、拼搏进取等文化内涵体现着深刻的教育意义,能够在德育、智育等方面发挥其育人功能,在潜移默化的教育中能够促使学生坚定政治立场、形成正确的价值观,从而实现德、智、体、美、劳的全面发展。

③民族认同价值。龙舟运动蕴含着引人共鸣的民族习俗,体现着中华民族传统文化的精髓,在相同的国家文化背景下,是对民众进行爱国思想教育、培养国家认同感的有效途径。

④精神文明价值。龙舟运动隶属于水上团体项目,其比赛场面比较壮观,现场气氛能够使人精神亢奋、充满斗志,给予大众神经系统的释放感。无论是比赛者还是观摩者的内心都会有所撼动,能够激发人们对未来的不懈追求,属于一种"心理契约"式的表现行为。

3. 市场潜力突出

社会主义新经济浪潮下,体育产业具有发展潜力大、辐射范围广、带动作用大、资源消耗低、附加值高等特性。社会经济的快速发展也给龙舟运动以及相关产业的发展带来了新机遇。中华龙舟的市场潜力主要体现在以下几方面。

①需求渐增,促进消费。随着我国市场经济的不断平稳运行,人们对于舒适休闲、高品质生活的需求日渐增长,传统的项目难以满足人们的需求。龙舟运动与体育旅游之间的结合,在给游客带来深度体验的同时,展示出了其背后所蕴藏的市场潜力,促进了体育消费和旅游消费的大幅上升。

②赛事奠基,铸就产业。龙舟赛事可充分利用比赛平台,以万人聚众观看龙舟比赛为契机,打造龙舟相关产业链,刺激当地消费水平的提高。通过把握赛事重要时机,不断发挥"体育+""+体育"的特殊优势,创新经济发展模式,积极举办各类活动,有益于促进当地经济和文化的发展,助力乡村振兴战略、扶贫攻坚等工作的落实。

③互动多元,实现共赢。龙舟运动在比赛、宣传与推广中能够与地方经济、政治、文化形成有效融合,其与经济贸易结合的双赢思路已成为众多地域良性发

展龙舟运动的共识。通过与文化资源进行优化整合，促使龙舟运动在吸收文化精髓的过程中永葆生机和活力。

4. 国际互动多元

随着经济全球化的日益加速，世界各国之间的交流更加便捷。近年来，底蕴丰富的中国传统文化被世界推崇，而端午节的传统标志性项目——龙舟，在文化交融中得以传播到世界各地，并呈现出很强的国际化发展趋势，具体表现如下。

①日渐紧密的国际交往。在具有划时代意义的改革开放政策引领下，国家层面做出的各项重大决议以及实践创新机制吸引着世界的目光。与此同时，我国加强了与不同国家间的政治、经济往来，间接地促进了传统体育文化的对外交流，拓宽了龙舟项目的推广渠道。

②丰富多彩的国际赛事。以1976年中国香港举办的第一次国际龙舟赛为起点，越来越多的龙舟赛事在世界各地得以开展。在端午节前后，新加坡、马来西亚、美国、英国等诸多国家都会举办不同主题的国际龙舟赛事，如历史久远的美国波士顿龙舟节、新加坡的东海岸公园举行的尤为精彩的龙舟邀请赛；每到中国农历新年，澳大利亚也会定期举办龙舟赛事。

③异曲同工的文化和鸣。国际龙舟文化节、学术交流等活动在世界范围内的开展，使各地域的代表性文化在其他国家得到了良好呈现。国家间文化通过跨界交融的方式产生相互认知和理解，为弘扬各地域本土文化提供了重要平台，加强了不同地域间的密切联系，促进了国家群体间的和谐相处，进一步实现了"美美与共，天下大同"的良好局面。举办、参加各项龙舟比赛和龙舟文化交流活动是中华龙舟运动与世界对话的主要途径，一定程度上展示了中华龙舟运动的魅力，拓展了国家间的体育互动途径，为世界体育文化的多样性做出了突出贡献。

二、龙舟教学的目标与策略

（一）龙舟教学的主要目标

教学目标是整个教学的灵魂所在，整个教学过程是围绕着教学目标来实施的，只有教学目标明确才能更好地优化教学方法，提高教学质量。龙舟运动因其特殊的身份和地位，其教学目标也和其他体育项目有所不同，具体分析如下。

①对学生进行爱国主义、集体主义思想教育，培养优良的思想情操和道德品质，培养学生团结协作、吃苦耐劳、坚韧不拔、乐观向上、意志坚强的品质和精神，形成严格训练、严格要求、自觉遵守纪律的作风，增强学生的社会责任感。

②培养学生亲近自然、保护自然、享受自然的乐趣。

③能够组织一般的龙舟比赛，在省、市级龙舟比赛中能胜任裁判长工作，并要求通过组织龙舟一级裁判员裁判学习考试，向学生颁发一级裁判员证书。

④初步掌握龙舟运动的历史、文化、技术、战术、器材、规则和裁判法等理论知识。

⑤初步掌握龙舟运动的划桨技术、掌舵技术、鼓手技术及技能。

⑥初步掌握龙舟运动的教学方法，并能指导龙舟训练和比赛。

⑦通过龙舟运动教学改善学生的身体机能，增强体质，提高身体素质，提高运动成绩。

⑧增强学生的体育锻炼意识，培养学生健康的兴趣爱好，注重学生个性与体育特长的发展。

⑨通过龙舟运动体育教学和实践，让学生掌握或了解龙舟运动这一休闲方式，提高生活品位，传承古老的中国文化；拓宽学生知识面，扩大其将来的就业面，为学生将来从事体育教师、体育社会指导员等职业奠定基础。

（二）龙舟教学的优化策略

在教学实践中，学校可以开设与龙舟运动有关的课程，面向全校学生，对学生进行龙舟运动方面专业知识、技能（如龙舟桨手、鼓手和舵手所需的技能）的讲授，让学生对龙舟运动有了初步了解以后逐渐掌握基础的龙舟运动技能，然后再通过一定的选拔组建一支合格的龙舟运动校队以参加比赛。

1. 加强龙舟课程群的结构体系及团队建设

（1）明确体育学科体系

目前，学界对我国体育学科体系的分类存在较大的分歧。如有学者根据主体性与客体性相统一、理论与实践相统一的原则，把体育科学体系划分为 5 个学科群组：体育一般基础学科群组、体育对象分类学科群组、体育运动技术学科群组、体育自然学科群组、体育人文社会学科群组。还有学者按照现代科学体系结构的理论，将体育科学的分支学科（含边缘分支学科）区分为体育基础学科、体育人文学科、体育对象学科、体育运动学科、体育自然学科 5 个群组；而列在 5 组之外的体育学是体育科学的核心基础学科。此外，还有学者坚持实用、可行、方便、科学、发展、统一性原则，将体育科学分为体育人文社会学科、体育自然学科、体育管理学科、运动技术学科。而一般来讲，在教学实践中可以根据 1997 年研究生学科专业目录对体育专业的划分来确定体育学科体系，即体育人文社会学、体育教育训练学、运动人体科学、民族传统体育 4 个二级学科。

（2）优化龙舟课程群教学团队

教学团队是以教书育人为共同的远景目标，以课程和课程群建设为根本任务，以开展教学研究与改革为主要途径，为完成目标任务而进行分工协作，共同承担责任的部分知识、技能互补的教师所组成的团队。龙舟课程群教学团队要以科学性、实效性为原则，遵循教育教学规律，根据课程的特点及其内在联系，在将单一课程整合成课程群的基础上进行。通过团队合作改革教学内容和方法、开发教学资源，促进教学研讨和教学经验交流，推进教学工作的传帮带和老中青教师相结合，全面提高教师队伍整体素质。

教学团队的组建可在龙舟课程群结构体系的基础上，结合目前本校体育教学课程的开设状况和师资队伍情况，循序渐进，分阶段、分步骤进行，可以在 4 个课程群的基础上先组建 3 个教学团队，即体育理论教学团队、龙舟专项教学团队和学生体质健康教学团队。体育理论教学团队由教授学校体育理论及体育人文社会理论各门课程的教师组成，龙舟专项教学团队由教授龙舟专项主干特色课程群、专项综合实践课程群中各门课程的教师组成，学生体质健康教学团队由教授体质锻炼、营养康复等各门课程的教师组成。

2. 完善龙舟课程的保障体系

策略保障是前提和基础，具备了完善的策略保障体系，才能有龙舟课程体系的顺利构建，才能使我国的龙舟运动在学校的开展夯实根基，才能为学校龙舟教学的发展解除后顾之忧，促使其快速健康地发展起来。

（1）政策的导向与支持

国家要完善相应的保障机制，包括对于运动员退役之后的安置，对于教练员、运动员的奖励机制，对于龙舟运动的宣传普及等。国家对于龙舟运动这项我们国家的瑰宝，要从人力、财力以及精神等方面给予相应的大力支持，逐步在全国创建一个适合龙舟运动发展的良好环境。

（2）建立国家、社会和学校"三位一体"的资金来源保障体系

龙舟运动是需要多人进行的集体项目，也是竞技体育中单项参与的运动员最多的项目，是一项高投入的体育运动项目，其在学校的发展、壮大要依靠国家、社会和学校"三位一体"的资金来源保障。鉴于当前龙舟运动在世界上开展得如火如荼，是我们向世界展示我国传统文化的一面旗帜，国家应该在政策与经费方面给予相应的支持，更好地带动龙舟运动在学校的发展；学校通过与地方共建龙舟队，代表地方参加各种比赛，通过各种商业活动和赞助寻求社会的资金来源；校园龙舟运动通过形成学校自身品牌，扩大学校的知名度，给学校带来一定的社会与经济效益来获得学校的资金来源。

（3）建立并落实课程监管和评价体系，发挥评价的监督与导向作用

课程监管和评价体系在校园龙舟运动的发展过程中起到至关重要的监督作用，只有真正建立并落实好课程监管和评价体系，并发挥好评价的监督与导向作用，才能使校园龙舟运动的发展落到实处。在实际工作中，学校可以成立一个专门的机构来做这项工作，要制定详细的课程监管细则，认真对照课程评价体系的相关内容，对课程监管和评价中发现的问题及时进行修正和改进，以保障校园龙舟运动的健康发展。

（4）完善学分制

龙舟运动课程在学校的开设还是一个新事物，新事物的发展和壮大是需要我们去支持并实现的。学校参照相应的学科标准来完善龙舟运动课程的学分管理体制，并在实际教学中逐步完善、修订，使得龙舟课程与其他课程一样，有相应的教学时数的保障，有一个公平、同步的教学环境。

第二节　民族武术教学

一、民族武术简介

中国武术的源头可以追溯到我国远古祖先的生产活动中。早在100多万年前，当时生产资料异常贫乏，生产力极为低下，人类为了生存不得不进行狩猎活动。人们在与禽兽的斗争中逐渐形成奔跑、跳跃、闪躲、滚翻、拳打、脚踢等技法，而武器的运用更是人类在生存竞争中能战胜禽兽的特殊手段。早在50余万年前的"北京人"遗址中，便发现了大量原始工具，有石锤、石刀、骨器，有的锋刃

尚锐。木棍更是被广泛使用的器械,《吕氏春秋·荡兵》说:"未有蚩尤之时,民固剥林木以战矣。"当徒手与使用器械技术的经验不断积累,当人类有目的、有意识地应用这些格斗技术时,武术就开始萌生了。这便是原始武术在生存竞争中的起源。在原始人群的生存竞争中,人与兽斗固然是技术萌生的因素之一,而人与人的格斗和武术的萌生有着更直接的联系。新石器时代末期,由于私有制的萌发,氏族部落之间为掠夺财产或争夺领地而不断引起争斗、发生战争,形成原始集团之间有组织的械斗。古籍记载黄帝与炎帝的战争、黄帝与蚩尤的战争、禹伐九黎三苗的战争等,这些都是来自原始部族战争的传说。这些战争有力地促进了武器的制作及技击技术的发展。新石器时代的石镞、骨镞大量出土,表明弓箭已是原始先民极为普遍的武器。新石器时代出现了多种石兵器,有石枪、石矛、石戈、石斧、石锛、石铲、石槌等。《说文解字》中记载:"大者称钺,小者称斧。"《越绝书》说:"黄帝之时,以玉为兵。"由于战争需要,大量磨制锋利的生产工具转化为互相残杀的武器,使用兵器的技艺及战争中所需的格斗技术逐渐发展为一个独立的技术领域。

为了适应原始社会战争的需要,又出现了战争操练的武舞(又叫战舞),舞者手执各种武器,做种种击刺动作、姿势,具有实战的功利性。古籍记载虞舜时期,三苗族反叛,被舜帝三次打败,但还是不降服。后来禹带领军队表演手执巨斧与盾牌的"干戚舞"给三苗族看,威武雄壮的气魄与高超的武功终于使三苗族降服。

中国武术的发端,与原始宗教、教育、娱乐等多位一体的原始文化有紧密的联系。原始宗教的主要形式——巫术与图腾崇拜都常通过原始的武舞来体现。当时人们在狩猎、战争等活动前后都要跳武舞,幻想以这些击刺杀伐的动作来战胜敌人。图腾武舞是原始部落祭祀活动的主要内容,以战斗性的舞蹈来供奉始祖以示崇敬。武舞还兼有教育和娱乐的作用,是融知识和技能、身体训练和习惯的培养等于一体的多功能的活动。

总之,从中国原始社会的生存工具及搏斗技术转化到战争的器械及技术和武舞的整个过程中,可以看出中国武术发端的脉络及与原始文化的紧密联系。

总的来讲,我国民族武术有着五千多年的文化积淀,在经过了漫长历史长河的洗礼后,仍然具有鲜明的中华民族特征和文化价值,犹如一棵生生不息的生命之树一般坚韧。从我国传统文化的过去、现在以及未来的不同角度观察,可以了解到我国传统的、特有的民族武术文化集劳动、生活、宗教、民俗等于一身，是我国历史文化的重要组成部分。在体育全球化加速发展的今天，民族武术在竞技体育的巨大影响下虽得到一定程度的发展，但未能得到应有的重视和创新。

二、民族武术教学的价值与策略

（一）民族武术教学的价值

1. 提高学生的身体素质

正所谓"少年强则国强"，强健的身体素质是学生将来能够为国家做贡献的前提与基础。而现实情况是，随着社会经济条件与生活水平的提升，我国部分学生的综合身体素质越来越差，肥胖症及近视眼等现象比较常见，不仅不利于学生自身的健康，同时还拉低了我国国民整体素质。对于这种现象，可以通过练习武术得到改观。很多优秀的民族武术项目都可以起到良好的作用，如中国古代的"五禽戏"就是通过模仿虎、鹿、熊、猿、鸟5种动物的肢体动作而形成的，在运动过程中可以让人身体的各个关节及肌肉都得到锻炼，以充分达到改善人体机能及强身健体的效果。另外，武术项目中的内容比较丰富，不像其他体育项目那样单调，学生在训练过程中也会感到非常愉悦。

2. 传承并培育民族精神

武术是民族精神的重要载体，可以让学生在学习的过程中继承并宣扬优良的民族精神。例如，近代武术家霍元甲提出，学习武术主要是为了强身健体，而不是为了欺凌弱小，当国家处于危难之中便要挺身而出、抵御外强；很多习武之人都主张"除暴安良，匡扶正义"，这种打抱不平的侠义精神正是现代社会大部分人所缺失的；抗日战争中让日军闻风丧胆的国民革命军第二十九军大刀队在我国历史上书写了可歌可泣的篇章，这种伟大的爱国主义精神需要人们不断地传承并弘扬。总之，中华民族之精神在武术中展现得淋漓尽致，大力重视武术在体育教学中的重要性，对于培养学生的自强不息、见义勇为、保家卫国等民族精神有着重要的意义。

3. 继承并弘扬中华文化

近年来，伴随着全球经济一体化进程，东西方文化之间展开激烈的碰撞，不断对外输出并弘扬中华文化也是提升我国综合实力的重要途径之一。作为中国的国粹，武术最终被奥运会拒之门外且渐行渐远，而邻国的跆拳道及柔道却都已成为参赛项目。因此，在对外宣扬中华文化方面还有很长的路要走。另外，放眼全国，跆拳道馆数不胜数，当下人们要从自身做起，需要先对武术项目给予足够的重视。换句话说，并不是别人故意排斥，而是因为自身不够努力。20世纪，一代功夫之王李小龙凭一己之力在全球掀起功夫热潮，这说明我国的武术自身本就具备巨大的魅力，需要人们今后不断地弘扬武术文化。

武术不仅具有独特的运动形式，同时还包含丰富的武术文化，武术文化中体现更多的是对自身民族文化的认同感与自信心。因此，通过学习和传承武术，可以不断向外展示、宣传并弘扬我国的民族文化，可以让更多的人了解中国。

（二）民族武术教学的优化策略

1. 提升武术教师的专业素养

首先，学校可以对现有体育教师进行在职培训，让其补充一些武术专业的技能与知识，这样不仅可以提升体育教师的综合能力与教学水平，也可以大大提升武术课堂的教学质量；其次，学校可以聘请一些退役的武术专业运动员来学校任教，凭借其高超的武术技能及过硬的专业素养来吸引学生，这对于调动学生的学习积极性有着良好的促进作用；最后，学校还可以邀请一些民间武术高手来学校指导，凭借其对武术的独特见解来为学生普及知识，这样可以让学生更加全面地了解中华武术。上述措施都可以有效提升武术教师的专业素养，可以在一定程度上改变学生对武术的观点与看法，让其更加深入地了解武术并喜欢上中华武术。

2. 积极改进并创新教学方式

近年来，我国一直在提倡教学体制改革，目的就是改变教师原有的教学理念与教学方式，让教学更加适应学生的心理特点。武术教学亦应当如此。传统的课堂教学方式显得有些单调、乏味，无外乎就是理论知识加实践，而多数情况之下，学生在实践课程中所接触的都是类似于广播体操的肢体动作。长此以往，学生对武术的兴趣就会逐渐降低。因此，教学工作者需要在教学方式方面进行积极的探索与创新。例如，在保证安全的情况下，让男同学进行擒拿训练，给女同学传授一些"防狼术"；教师还可以组织学生进行一些观影活动，让其从影视作品中理解武术所蕴含的精神。

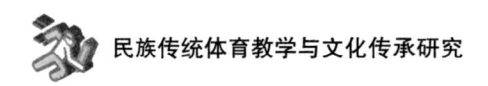

总之，丰富多样的教学形式可以增加教学的趣味性，实现真正意义上的寓教于乐，可以有效改变学生对武术的观点，让其明白武术在现实生活中的作用，最终体现出武术在体育教学中的价值。

3. 培养并提升学生的学习兴趣

兴趣是最好的老师，武术教学应当将培养学生的学习兴趣作为教学的主线，这样才能发挥出学生在学习方面的主观能动性。教师应当先从自身做起，首先，不断更新自己的教学理念，坚持以人为本，将学生作为课堂上的主体，充分发挥学生的积极性；其次，教师需要采取丰富多样的教学方式，这样可以增加课堂教学的趣味性与娱乐性，进而为学生提供一个积极、愉悦的课堂氛围；再次，教师需要对学生因材施教，对于不同的学生采取不同的教学方式，根据每个学生的身体及心理特点而量身打造合适的武术动作，进而发挥出每一个学生的长处；最后，武术教师应当多给学生讲述一些有关武术的传奇故事，例如，当年李小龙的实战格斗技术达到什么水平、民国时期"燕子李三"的轻功是怎么练成的等。这些措施都可以大大提升学生对武术的兴趣。

4. 注重培养学生的"武德"

教师在进行武术技巧教学的时候要注重对学生进行武术文化的传播及"武德"的培养，否则无法发挥出武术的正面作用。所谓"武德"，也可以被认为是一种职业道德，因为人都喜欢用自己擅长的方式解决问题：擅长数学的人喜欢用数字解决问题；擅长逻辑的人喜欢用步骤解决问题；而擅长拳脚的人，万一脑门一热出手不分轻重，可能觉得自己没用力，但是对方可能是老弱女幼，就很容易出现事故。特别是对于学生而言，其正处于血气方刚的年龄，遇到事情之后非常容易冲动，如果没有良好的"武德"修养，很快就会为自己的行为付出代价。因此，从某种角度来说，"武德"既能保护自己，也能保护别人。

第三节　民族健身操教学

一、民族健身操简介

（一）民族健身操的概念

民族健身操是通过对民族舞蹈、健美操以及少数民族传统体育项目的解构与重塑而发展起来的一种具有自身特色的健身类项目，当前已经成为全国少数民族传统体育运动会中的正式比赛项目。民族健身操发源于少数民族群众的民间生活，是对人们在祭祀、祈祷、节日庆典等活动中展示出来的肢体动作和主题思想观念进行加工完善，同现代健身健美操、民族舞蹈相融合的一种在民族音乐伴奏下进行的体育运动和文化娱乐活动。

在民族健身操中，大部分的动作和艺术风格都来源于民族舞蹈。舞蹈是人们进行情感表达、反映社会活动的一种外在艺术表现形式，它以人的四肢为主要施展"工具"，主要表现手段是对人体动作的组织、提炼和加工。从本质而言，舞蹈是一种人类与生俱来的艺术形式，是表达人类思想感悟、达到融通状态的形体语言。在人类的语言文明诞生之前，人类就已经掌握了使用表情、姿态、动作等进行情感表达、传递信息的外在方式。从广义的角度来看，在自己民族中发源和流传的具有自身民族特色的舞蹈形式就是民族舞蹈；从狭义的角度来看，一个民族所特有的舞蹈形式就是民族舞蹈。民族艺术作为对民族精神生活和物质生活的反映，其主要的构成要素是民族进行的社会劳动实践，但是具体到某种特定的文化或艺术形态的起源和发展时，则要按照实际情况做具体分析。在劳动之外，这些文化或艺术的发展可能同祭祀、娱乐、战争等有密切关系。

中国民族民间舞是一个内涵丰富、形式多样的民族舞蹈体系。由于社会环境、经济模式以及文化习俗等方面都存在一定的差异，中国民族民间舞在主题内容、外部形式以及节奏、艺术感等方面也不同。但是，它们也具有相同点，从功能层面而言，其大致可分为宗教祭祀性舞蹈、仪式性舞蹈、娱乐性舞蹈、民族历史传衍舞蹈以及生产劳动传衍舞蹈等。虽然各个民族在历史变迁中继承与发展的舞蹈类型、风格、内容等各有不同，有的热情奔放，有的温婉优雅，有的源于民族祭祀，有的源于倾诉爱恋，但是，它们都将中华民族千百年的发展历史和丰富的民族文化底蕴充分展现了出来。此外，在这些舞蹈中，有大山、大河，有广阔田野等原生态环境因素，这些都将民族特色一一展现出来，散发着民族独特的韵味。

在民族健身操的设计与编排中，许多元素是在健身健美操的基础上形成的。健美操是当前受广大人民群众喜爱的现代体育运动项目，其群众覆盖率高、运动门槛低，集合了舞蹈、音乐等多种艺术形式。健美操运动可分为三种形式，即竞技健美操、健身健美操以及表演健美操。在这三者中，健身健美操拥有较多的受众，其主要的优势在于可增强体质、促进身体健康，这就决定了其参与者可以是社会中各个阶层、各个年龄段的人员。

但是，民族健身操是近几年来刚刚出现的新名词，对于它的具体定义，当前学术界还没有一个较为统一的说法。贵州民族大学体育与健康学院副院长黄咏曾提出的定义为：民族健身操是在操乐化的民族音乐伴奏下进行的以民族舞蹈语汇操化动作作为主的身体性练习，其主要目的在于提升身体各项素质，继承民族文化，实现健身健心，是一项民族传统体育项目。因此，可以将民族健身操定义为：以民族舞蹈动作和民族历史元素为主要题材，以操化动作为前提与基础，以民族传统音乐为伴奏，通过一定的身体练习提高身体素质，最终达到休闲娱乐与传扬优秀民族文化目的的一项新兴体育运动。

（二）民族健身操的特点

1. 民族性

一整套民族健身操通常指的是一个民族或者一个民族生活领域中，以本民族舞蹈动作作为主要元素而创作出的健身操。显而易见，它与现代的健身健美操有所不同，它并不是世界上所通行的体育运动形式。因此，在此所指的民族性，即创造这类健身运动形式过程中所表现出来的民族群体性格。大多数民族的健身运动形式在成百上千年的传承中，会将其他民族的传统体育因素融入本民族健身运动中，但在时代的浪潮下会伴随具体的情况发生变革，但始终会将本民族特有的因素保留其中。与此同时，在长期的发展过程中，因民族健身操主要在本民族内流传、学习，所以本民族文化和民族性格在相互交汇共融中，会对民族健身操的发展造成影响。

民族健身操是在各个民族中流行的传统体育项目，是民族舞蹈和健美操运动的融合发展。不同民族的健身操具有不同的特征，它深刻地反映了民族文化的内涵与本质，具有显著的民族性。这主要表现在以下两个方面。

（1）民族性在动作特点方面的体现

民族健身操是一种新兴的健身运动，它创造性地将各民族的民族舞蹈与健身操进行充分融合。它不仅具有力度适中、形式鲜明的健身动作，同时也蕴含着极具艺术感的民族舞蹈元素，在艺术表现力方面十分突出，文化内涵也异常丰富。可以说，其动作特点既体现了健身性，同时在运动的过程中又传播了民族文化。

（2）民族性在音乐特点方面的体现

音乐与人类的发展始终相伴而行，其凭借独特的魅力始终赋予人类独特感受。民族健身操中的音乐都带有一定的民族风情，旋律悦耳，同时富含强烈的节奏感，是民族音乐中的精品。这些音乐通常为人们所熟知、具有较强感染力的作品，这能够引发人们的兴趣、培养人们进行锻炼的习惯，在动作的展现过程中能够使人产生一种愉快、兴奋的情绪。民族音乐的艺术感染力以及强大的凝聚力能够增强民族认同感，因此，选择优秀、合适的民族音乐来进行民族健身操的编排，对该项目的发展具有十分重要的意义。

2. 地域性

不同的民族因在生活环境、气候地理、宗教历史、风俗习惯等方面存在不同，进而在民族精神、情感思想、价值观念等方面也具有较大的区别。因此，每一个民族的健身操都具有强烈的本民族特色和内涵，这也使民族健身操具有一个重要的特点，即地域性。

例如，彝族的"烟盒健身操"源于生活在云南红河州区域的彝族的"烟盒舞"（也称为"三步弦"或者"跳弦"）。对于这种健身操动作的编排汲取了"烟盒舞"中的"凤点头""正弦"等基本元素，音乐选用以四弦琴为伴奏的旋律，安静优美，具有古典气质，富含鲜明的民族地域特色。又如云南地区的佤族，其民族特有的佤族健身操所使用的动作源于佤族民间木鼓舞中的"两步一踏""跺脚"，同时佤族所独有的甩发舞中的"跨步扭动""胸部含展"等也被融入健身操的动作体系中。这些将各民族、各地方特色文化充分展现且具有独特个性的民族健身操，在对本民族、本地域的艺术特点进行重新挖掘后，使本民族文化重新焕发了生命力。

3. 艺术性

民族传统体育项目中既包含现代纯竞技类体育项目，也涉及具有表演性质的体育项目，民族健身操就归属于后者。从本质上而言，民族健身操是民族体育与艺术的最佳结合代表，其具有较强的艺术表演性，审美价值高。民族健身操运动追求人体健与美的结合，因此，民族健身操运动属于健美体育的范围，具有一定的艺术性。

民族健身操运动的艺术性主要具有三个特征，分别为"健、力、美"，即"健康、力量、美丽"，这也是人类千百年来所追求的最高身体境界。民族健身操运动所包含的三类健身操都具有"健、力、美"的特征，这也是人们喜爱民族健身操运动的原因之一。人们在进行民族健身操的活动过程中，能够从各个角度欣赏健美操的魅力，感受运动带给自己的快乐，深刻地感受民族艺术的韵味。民族健身操是我国民族传统体育中艺术特性的最佳体现，并且具有其独特的魅力，这主要体现在以下两个方面。

（1）各民族所特有的艺术魅力

独特的动作形式将生产、生活、实践、娱乐等多种情景一一再现，自然气息贯穿始终，同时配合优美的旋律和风格迥异的民族音乐，再结合现代健美操清晰的音乐节奏感，更能将各个民族的独特艺术个性充分展现出来。

（2）民族健身操中的民族艺术性

在民族健身操中，参与者所穿戴的是具有民族特色的服饰，这能够给予观看者强烈的视觉冲击，将各个民族的劳动审美情趣通过动作进行展示。民族健身操凭借其独特的民族性，将各个民族的历史面貌、生活习惯、民族习俗等折射在运动健身中，逐渐形成了独树一帜的动作表达形式。

民族健身操动作和谐、流畅，富有节奏感，它不仅帮助参与者锻炼了身体，同时也能够使参与者得到美的体验，提升自身的艺术素养。此外，竞赛类民族健身操运动员在比赛中展示出来的优美的身姿、扎实的技术、完整的编排和强劲的演绎在给观众留下深刻印象的同时，也将民族健身操运动中的"健、力、美"特征和高度艺术性充分彰显出来。

4.节奏感

民族健身操的节奏感主要是通过音乐表达出来的。因此，音乐是民族健身操中不可缺少的重要组成部分。民族健身操的配乐具有鲜明的民族风格特征，节奏强劲、旋律轻巧，在烘托气氛、表现情绪等方面具有重要的作用。

民族健身操广受人们喜爱的原因不仅包括其本身所具有的强身健体性、时代感，更关键的因素在于通过现代音乐，民族健身操富有了新的活力与内涵。民族健身操动作与音乐的和谐统一、强烈的节奏感，能够使民族健身操参与者自身带有强烈的感染力，因而赋予民族健身操运动比赛和表演更高的观赏性。

5. 适应性

民族健身操具有健身、娱乐、治疗、防病等多种功能，其运动练习形式多样，动作优美流畅，学习时间短、易上手，运动量适中，也不受时间、场地、器材、人数、气候等条件的限制，适合各年龄段的人学习。不同年龄、不同体质的人可以通过控制动作的速度、幅度以及练习时间等对运动量和强度进行调节，各种人群在民族健身操练习中都能找到适合自己的运动方式，也能在民族健身操运动中找到乐趣。例如，中老年阶段的参与者可以选择难度、强度较低的有氧运动，主要目的在于适度锻炼身体、愉悦身心，可使用推广类傣族健身操；而具有一定的锻炼基础、想要获得更好运动效果的年轻人，可选择难度高、运动量大的竞赛类民族健身操，如竞赛类佤族健身操。

由此可见，民族健身操运动具有广泛的群众基础，适应力强，开发价值大，各民族群众的广泛参与是民族健身操适应性的具体表现。

6. 健身性

民族健身操的动作是在民族舞蹈动作的基础上操化改编而成的，其肢体运动具有身体锻炼价值。但是，尽管民族健身操是以民族舞蹈动作为基础元素的，但从根本上而言，其还是在有氧基础的前提下，通过对解剖学、生理学、体育美学等多个学科的理论共融编排而成的，其动作和形式具有一定的全面性、对称性和针对性，能够有效塑形健体，改善精神面貌，在提升身体各方面机能上具有良好的功效。

值得提及的是，云南省是全国首个将民族舞蹈改编为民族健身操的地区，民族健身操走入了社区与校园，正在逐渐成为全民健身活动的一个闪光点。

（三）民族健身操的分类

民族健身操的内涵丰富、形式多样，按照不同类型的民族健身操所要实现的主要目的和完成任务的不同，可以将民族健身操分为以下三种类型。

①推广类民族健身操。这种类型的民族健身操是以健身为最终目的，在对身体进行全面活动的过程中，提升身体的代谢能力，增强体质，实现健身健美、焕发内心、陶冶情操的目的。推广类民族健身操是面向全体群众开展的，难度低，社会中各种年龄、性别、职业的人群都可参与。

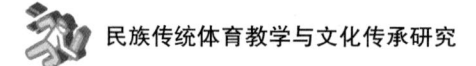

②表演类民族健身操。该类民族健身操的展示性和观赏性较强,表演目的是介绍、推广与传播民族健身操,为人民大众的日常生活娱乐活动增添色彩,主要任务为展示与观赏。

③竞技类民族健身操。这类民族健身操是通过竞赛活动,按照一定的竞赛规则和评审方式,完成规定或者具有创新性的难度动作,这对参与竞赛人员的身体素质、技术水平、艺术展现力等都有较高的要求,是完美展现人体健、力、美,实现全面素质提升和发扬民族特性的竞赛项目。

(四)民族健身操的功能

1. 弘扬民族文化,促进民族和谐

近年来,民族传统体育的发展有效地推动了各个民族和地区群众体育活动的顺利开展,在增强各族人民体质的基础上,也提升了民族传统体育运动水平,各个民族在体育运动的交流中,消除了因地理环境、生活方式、文化习俗所形成的阻碍。各民族相聚在一起,在尊重各民族风俗习惯的基础上,增强了各民族情感,促进了民族团结,更有利于经济的繁荣和文化的持续发展,在建设社会主义精神文明和物质文明的过程中贡献了力量,成为构建和谐社会主义的有效载体。

当前,我们进行民族健身操的推广与普及,正是以体育为桥梁、文化为本质,多方位弘扬各少数民族优秀的传统文化,这也是对各少数民族文化优势的一种强烈认同,不仅有利于增强各民族之间的互助认同感,也有助于加强各民族之间的联系与沟通,对促进民族团结起到关键作用。

2. 有助于全民健身计划的开展

全民健身计划的实施与开展同广大人民群众的身体健康和生活幸福具有密切联系,全民健身计划的开展程度是综合国力与社会文明进步的显著标志之一,更是社会主义精神文明建设的重要内容。我国地区经济发展存在差异,东部地区的经济发展相对较快,西部地区的经济发展相对较慢,缺乏一定的建设经费。公共体育设施、场馆数量严重不足,一般的群众体育运动缺少专业的指导者,这是当前开展大众体育所遇到的最大障碍。相比之下,民族健身操内容多样、形式变化性强,能够满足各种年龄段的不同需求,同时也不受场地、器材、专业技能等的限制,具有较高的经济实用价值。

3. 教育功能

体育是教育活动中不可缺少的组成部分,早在原始社会中,体育的教育功能就已经得到了体现。许多少数民族通过体育活动,开展生活、生产技能的传授和学习。例如,佤族的狩猎舞、哈尼族的栽秧舞等。这些舞蹈中所体现出的运动技能就是对生活、生产中所使用的技能的提炼与升华。民族健身操具备良好的积极影响,能够弘扬民族精神、提升民族道德素质水平。在对这些文化习俗进行传扬的过程中,也能帮助人们形成良好的社会道德规范和稳固的民族心理。

4. 传承民族体育文化

民族文化是各个民族在自身发展过程中创造和传承的富含鲜明民族特点的文化,是各民族人民智慧的结晶,这既包括物质文化,也包括精神文化。民族健身操是近年来在少数民族传统体育领域兴起的健身项目,已经成为群众体育锻炼的重要内容。例如,广阔的西部地区是多民族的主要聚集区域,各个民族都有自己的文化传统和宗教习俗,因而对民族健身操的编排灵感也来自各个民族的生产、生活,具有独特的民族生活特点。

民族健身操在动作的编排、音乐的选择、服装的设计上,都深刻展现了各个民族所特有的民俗风情与生活趣味,充分展现了民族健身操的民族特色和观赏性。民族健身操在社会上的普及与发展,既是对优秀体育文化的传承,又在一定程度上满足了广大群众对少数民族传统体育项目的好奇心,从而达到了传承民族体育文化与宣传大众体育健身的双重目的。

5. 展示健康美

健康指的是身体上、精神上、心理上的良好状态。所谓健康美则是一种积极向上的健康观念意识。根据已有的研究结果,健康美是机体能够将自身功能最大化发挥的状态。一个具有健康美的人不仅自我感觉良好,同时能够对日常生活中的各类事情进行有效的处理,更能够参加各类社交、娱乐活动。此外,具有健康美的人,自身的心肺功能以及力量、速度、平衡性等各方面都具有良好的表现,具体如下。

①心肺功能的提升能够促使心脏与循环系统实现有效运转,将体内所需要的各营养物质、氧气等输送到肌肉和各组织器官,同时排出代谢物质。

②肌肉力量的增强能够塑造强健的体魄,带来一定的活动能力。

③身体柔韧性与灵敏性的提高能够增强肌肉与关节间的活动能力,减缓肌肉与附着组织的退化和衰老,提升身体动作的灵活性。

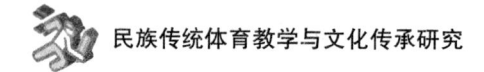

民族健身操作为一项有氧运动，人们已经逐步认识到其健身功效。研究表明，有氧运动能够有效增强人体的心肺功能。民族健身操不仅具有有氧运动的功效，同时也能够发展人体的柔韧性和灵敏性。因而，有专家认为民族健身操与大众健身健美操是当前能够实现身体素质全面发展的较为理想的运动项目。

6. 塑造形体美

形体包含姿态和体型两个部分：姿态是人们在日常行为生活中所表现出来的行为习惯，主要受后天因素的影响；体型则是人们身体的外部形象。实践表明，体育锻炼可以在一定程度上改变体型外貌，但是相对而言，遗传因素的作用更大，且具有决定性。良好的身体姿态是体现一个人气质、风度的重要因素。

民族健身操练习的动作要求同人们日常生活中所要保持的姿态基本一致，因此，通过一段时间的民族健身操练习可以改善不良的姿态，达到精神抖擞、健康向上的效果。民族健身操能够塑造健美的体型，在反复的运动中，促进骨骼的成长、肌肉含量的增加，以此弥补先天的体型缺陷，帮助人体变得匀称、健美。除此之外，民族健身操练习还可以燃烧脂肪，实现人体吸收与消耗的平衡，降低体脂，保持优美的身体形态。

7. 审美功能

民族健身操可以给人们带来精神上的愉悦与享受，是具有现代美感的健身操与自然和谐统一的民族体育文化相结合的、最具有生命力的体育文化财富。例如，拉祜族的芦笙舞，风格优美，韵律潇洒，具有浓厚的抒情意味，表现力十分丰富。芦笙舞动作的主要形式包括走步、踏步、蹲步、绕脚等，节奏感十足，动作幅度视情况而定，在表演时时而细腻，时而夸张，是集粗犷豪迈、自由洒脱、灵活优美为一体的艺术风格。相比之下，傣族的健身操则是柔美的代表，藏族的健身操则豪情四溢。

8. 缓解心理压力，娱乐身心

现代社会的不断发展，在给人们带来便捷生活的同时，也带给了人们困惑与不解，人们的心理压力逐渐增大。研究表明，长期的精神压力如果得不到适当的缓解，就会引起一定的精神疾病，同时许多生理疾病的突发也与精神压力有关，如高血压、心脏病等。

民族健身操作为一种新型的体育运动，它的动作优美、协调度高、富有强烈的节奏感，可以实现全面的身体锻炼，有效地缓解心理压力。在轻松、愉悦的民族健身操活动中，参与者的注意力会从烦恼的事情上转移，忘掉自身的郁闷与不安，尽情享受民族健身操带给自己的快乐，得到内心的满足，进而释放精神压力，获得生活的动力。

除此之外，参与者在民族健身操运动中也能提升自身的社会交往能力。当前，人们进行健身锻炼的场所大多为学校、社区以及健身房等，指导者多为教师或工作人员，而进行民族健身操锻炼的人来自各个阶层，锻炼场所范围广，参与者之间的交流互动多。因此，各类民族健身操放大了人们的社会交往面，为生活找到了新的发展天地。在民族健身操中，参与者共同跳跃、共同锻炼、共享欢乐，在相互鼓励间发展自身人际关系。民族健身操能够强身健体，同时具有娱乐功能与社会功能，帮助人们在锻炼中得到精神享受，实现心理需要。

二、民族健身操教学的要求与方法

（一）民族健身操教学的要求

1. 针对性与实效性相结合

民族健身操的教学内容、教学手段、编排形式等通常不受规则、时间、场地、人数等条件的限制。因此，要在教学中依照教学对象的实际情况进行练习的任务、内容、方法的具体制定。

学校开设的民族健身操教育课是将学生作为基础的教学对象，以锻炼身体为最终目的，使学生在欢快的集体氛围中获得民族体育知识，从而实现健身健美的整体目标。

2. 注重身体的全面锻炼

民族健身操坚持全面锻炼身体的原则，按照人体解剖学的相关特征，选择上肢、下肢、头颈和其他躯干部分增强肌肉力量与关节的灵活性，按照不同的方向、幅度和频率，选择一些能够加深呼吸、增强心血管系统功能的动作，使内脏器官系统得到充分的锻炼，以此达到锻炼身体的目的，更好地增强体质。

3. 强调对身体的健康意识教育

民族健身操教学的重点在于使身体得到充分的锻炼。在锻炼的过程中，学生不仅能够掌握动作，塑造美丽的形体，还能够培养学生坚韧不拔的精神，使其获得健康美、形体美，更在对动作美、姿态美、气质美的追求中提升自身的鉴赏能力和对体育精神的充分认识。

4.提高艺术修养

民族健身操是建立在高度艺术性的基础上的。它是在民族舞蹈、民族音乐、民族服饰、民族武术等融合的基础上形成的精华部分，是社会美与自然美的统一，因此，其中的每个动作、造型都具有特定的价值内涵。教师在教学中以民族性、音乐、动作为基础对学生进行情感启发，帮助学生在动作中实现自我，在优美的动作和音乐中感悟民族精神，注重形体美、姿态美。

（二）民族健身操教学的方法

1.讲解法

讲解法是教师运用一定的语言向学生说明教学任务、动作名称、作用、要领以及要求等，帮助学生掌握民族健身操的基本知识与基本技能的方法。这是民族健身操教学中一种常见的教学方法，在使用此教学法时要注意以下几点。

（1）讲解要有目的性

教师在进行知识讲解的过程中，要带有一定的目的性。所讲解的内容要紧贴教学任务、教学内容以及教学要求，针对学生在学习过程中出现的问题进行及时的解决，帮助学生理解知识。

（2）讲解要正确

教师传授给学生的知识内容、技能技巧等一定是正确的、无误的，所讲解的内容是科学的、合理的，要使用统一的、规范的专业性术语。总的来讲，在讲解过程中，教师要注重所授内容的正确性。

（3）讲解要简洁

教师在教学过程中，讲解要简洁易懂，能够使学生在短时间内获取关键的信息，力求少而精，充分利用多种术语、口诀等对知识进行总结，帮助学生在头脑中形成较为完整的知识链条。

（4）要注意讲解的时机

民族健身操教学的讲解可以在示范标准动作后进行，也可以边做边讲。在讲解时，教师要依据学生的学习基础进行讲解内容深度与广度的划定，帮助学生在能力范围内学习与掌握知识。

（5）讲解的顺序要合理

教师在对动作步骤进行详细讲解示范时，要按照一定的规律顺序，通常是先讲解下肢动作，再讲解上肢动作，最后对躯干和头颈、手眼的配合情况进行阐述。

（6）讲解要有启发性

在教学中，教师要尽量使用生动形象的语言，从而更好地引起学生的兴趣，帮助学生拓展思维，使学生将听、看、想有机结合。例如，使用"水与火"来比喻傣族与彝族的民族特征和舞蹈动律，让学生在自我联想中深刻体会内涵，用水一般的柔情展示傣族人民婀娜多姿、刚柔并济的动作风格；用火一般的热情表现彝族人民粗狂且豪迈的动作风格。

（7）讲解要讲求艺术性

教师在讲解时，要使用普通话，做到口齿清晰、层次分明、用词准确，力求生动形象、富含趣味性与感染力。同时，教师使用恰当的感情与声调能够使语言产生更大的艺术效果。

（8）讲解要有节奏和鼓舞性

在教学中，教师要把握一定的节奏，能够将学生的注意力充分调动，激发学生在学习中的积极性，由此产生更好的教学效果。

2. 示范法

示范法是指教师将自身完成的动作当作教学的示范动作，并以此对学生进行指导练习的方法。这种方式可以帮助学生对将要学习的动作的具体步骤、结构、要领、方法等进行掌握。在使用示范法时应注意以下几点。

（1）示范动作要规范

教师示范的动作要做到准确、熟练、轻松以及优美，要富有民族特点，能够对学生产生深刻的影响，能够激发学生学习动作后的实践练习的感觉。因此，教师要努力提升示范动作的质量。

（2）示范要有目的性

教师的示范内容、时间要依据具体的教学任务、教学步骤以及学生自身的实际情况确定。例如，教授新的教学内容时，为了帮助学生在头脑中建立完整的动作链条，教师可以先完整地进行动作示范，然后再按照教学的有关要求，对重点、难点动作进行二次示范或多次示范。

（3）示范动作要在学生可观察的范围内

教师在进行示范动作教学时，要选择合适的示范角度，如正面、侧面、背面，掌握好示范的速度，要在学生可接受的范围内进行示范，便于学生对角度和距离进行细致观察。

（4）示范动作和讲解相结合

在民族健身操教学中，只有充分运用示范法和讲解法，将讲解动作与示范动作进行深度融合，才能够取得预期的教学效果。

3.提示法

提示法是教师以提示的方式对学生进行指导练习的一种方法，这种提示包括语言和非语言两种形式。

（1）语言提示

教师用简洁、清晰的话语或口令对学生将要完成的动作名称、时间和数量等进行提示。在使用语言提示时应注意以下几点。

①运用准确、恰当、简便的语言或口令对动作进行提示，要声音洪亮，富有穿透力，保持匀速讲解。

②提示的语言或口令要与音乐的节奏相一致，教师可以边数节拍边提示动作。例如，对学生的身体姿态进行提示时，可喊出"1、2、3、4两臂伸直"；在进行动作方向转换提示时，可喊出"向左3、4，向右7、8"；在进行动作速度提示时，可喊"5、6加快"；在要求重复动作时，可喊"7、8再做"等。

③对学生进行动作的重复次数和改变动作的提示时，通常采用倒数法进行。在提示时应该有一定的提前量，如"4、3、2并退""4、3、2向前走"等。

④教师应使用积极和富有情感的语言进行提示，以此对学生产生一定的激励作用。

（2）非语言提示

非语言提示指的是教师用肢体语言、面部表情、视线接触等方式提示学生进行动作的方法。在使用非语言提示时要注意以下几点。

①利用肢体语言进行提示时，学生要对肢体语言的含义进行明确。因此，在进行动作练习时，教师要先向学生讲明在练习过程中会使用的肢体语言动作。

②在使用肢体语言时，可以配合语言提示。例如，在手臂进行大幅度向上伸展时，可以使用"臂伸直"的语言提示，这样更容易使学生理解动作含义。

③在用肢体动作进行提示时，教师要尽量使动作更准确、更规范，在必要的情况下，可以将动作进行"夸张式"演示，如"腿抬高""大步走"等。

④在用手势进行提示时，教师要按照实际需要提前2拍或4拍做出提示，把握好时机，同时要使每一位学生都能看到自己所做出的手势。教师示范的手势要

具有固定性，可以采用公认的手势动作，也可以形成自己独特的风格体系。

⑤教师要学会充分利用面部表情和眼神对学生进行激励，如微笑、对视点头等。

4. 带领法

带领法是指学生在教师的引领下，持续完成单个动作、组合动作，最终完成整套动作练习的一种方法。这种方法能够帮助学生在较短的时间内在头脑中建立正确的动作概念，提高动作的连贯性，掌握音乐的节奏感。带领法在民族健身操教学中是常见的教学方法，在使用该方法时，要注意以下几点。

（1）按照动作需要选择正确的示范面

教师要按照动作的实际需要选择正确的示范面。通常情况下，在身体前后行进、转体变化、动作较为复杂时，采用背面示范；当身体有左右方向变化动作时，要按照观察动作的需要，采用镜面或背面示范。

（2）采用镜面示范以及背面示范与镜面示范相结合的方式

一般情况下，教师在进行示范时，大多采用镜面示范，这样可以方便教师检查学生动作的跟学情况，更有助于与学生进行及时交流。

教师在向学生展示动作时，也可以采取背面示范与镜面示范相结合的方式，在转变示范面后，教师示范的方向要与学生的动作方向保持一致。

（3）选择合适的时间和先后顺序

在进行复杂动作的教学时，教师可先慢速带领学生，在学生掌握基本动作后，恢复至正常速度带领；在进行上肢、下肢动作的学习时，教师可以先带领学生进行反复的步法练习，在学习好下肢基础动作的前提下，将手臂动作纳入学习，形成对完整动作的学习。

（4）多方面结合

教师在带领学生进行练习时，自身的示范动作要做到准确无误，同时还要将手势、口令、语言等方法进行充分结合，使学生做到"眼睛看、耳朵听、心里想、身体动"，以此实现最佳的教学效果。

例如，在进行傣族健身操的基本步法讲授时，教师要逐步讲解，帮助学生通过眼睛看、耳朵听、心里想，掌握正确的步法、身体重心的升降、屈膝发力的时间以及出脚的方向、路线等。教师在带领练习的过程中，应使大多数学生能够熟练掌握示范动作，在发现学生的错误动作时要进行及时的纠正。带领法适合教师对某一单元或小节动作的教学。

5.分解法与完整法

分解法指的是将教学结构中较为复杂的动作或组合类动作按照身体环境科学合理地划分为几个局部动作,从而完成教学,帮助学生掌握全部动作的方法。完整法可以最大限度地保证动作结构的完整性,动作内部的各个部分和动作之间的关系没有被割裂,学生在学习的过程中可以建立完整的动作概念,较快地把握动作的精髓。采用这两种教学方法时要注意以下几点。

①对于简单的动作学习,适合采用完整法进行教学。

②学习结构较复杂的动作时,可以采用慢速完整练习法,将动作幅度放慢、分解,每一个姿势进行适当的停顿,促使学生在头脑中形成对动作的运动轨迹、动作各个环节变化的理解,提升学生对动作的感觉理解,待学生建立起全部概念后,再按照正常的速度进行完整的练习。

③对于某些协调性要求较高的动作,可以按照身体各部分将动作分解为局部动作,分别开展教学,等学生掌握所有动作后,再进行完整的动作教学。例如,学习佤族健身操时,教师可以将佤族健身操分解为上肢、下肢动作以及头部动作,分别进行局部练习,等到学生完成所有局部动作的学习后,再进行所有动作的完整配合练习。

④运用分解法是为了完成对整体动作的学习,因此,分解教学的时间不能过长,以免学生在学习过程中产生遗忘。

6.重复法

重复法指的是不改变动作的结构,按照动作的要领进行反复练习的方法。在民族健身操的学习过程中,可以重复单个动作,也可以重复整个组合动作或成套动作。这种方法既能够帮助学生在练习中掌握和巩固动作技术,也有助于指导和帮助学生改变动作技术,提升身体素质、发展体能。在使用重复法进行教学活动时要注意以下几点。

(1)防止错误动作的重复

在教学中,教师一旦发现学生出现错误动作,要及时予以纠正,同时教师不能过多对错误动作进行演示,以防学生形成对错误动作的记忆,而对正确动作未形成有效记忆。

(2)选择合理的重复次数

在动作的初次练习阶段,教师若选择重复法,应该首先避免负荷过大以及疲劳的过早出现，防止学生出现厌烦感，要把握好重复的次数及频率，及时选择下一个动作的学习。重复次数要根据学生的练习情况进行选择，不能为了追求质量而忽视学生的负荷能力，也不能贪多求全而急于进行下一个动作的学习，这样也难以达到运动的效果。

7. 欣赏法

欣赏法是学生通过对活动的欣赏，能够掌握所学内容的价值，并产生一定的积极情感反应的方法。通过欣赏法，学生能够养成正确的学习态度，这是教师的理想教学法。在民族健身操教学中，欣赏的内容主要包括两个部分：一方面是对"形"的欣赏，如各类优美姿态和动作的展现、集体表演中的队形变化形式等；另一方面是"心领"的欣赏，如动作的难度、速度的快慢以及力量的强弱等。

8. 意念教学法

人的意念是头脑中的思维现象，是人体神经传导的特殊反映形式。民族健身操教学要讲究艺术性，教师要将自己的经验或者所掌握的知识（如对民族舞蹈动作的领会、对民族文化的理解、内心活动和情感变化等）讲述给学生，从而调动学生对动作的想象，提升学生的学习积极性。

9. 电化教学法

电化教学法指的是让学生观看国内、省内民族运动会、锦标赛等录像资料，以此更有针对性地开展教学活动。在条件的允许下，利用摄像机等将教学课、训练课的教学过程分成不同阶段，以此验证教学的实际效果，使学生更直观地发现自己的错误，最终掌握正确的动作，完成教学计划。学生观看录像，能够激发自身的学习热情，更积极地参与到对动作的学习中来。但是为了达到提升信息感觉的准确程度，要明确学生观看的内容和方式，进行正确观看。

总而言之，上述所提到的教学方法都具有各自的特点和适用情况，它们彼此之间是存在一定关联的。在民族健身操教学中，要按照任务的实际需要，灵活地使用各类方法，将每类方法的功能都最大化发挥，最终完成整个教学活动。

第四节 民族中国式摔跤教学

一、民族中国式摔跤简介

（一）民族中国式摔跤的概念界定

角力是中国古代起源较早的一项徒手对抗性体育项目，也是我国流传广泛的一项传统竞技运动，在不同的历史时期有着不同的称呼，如角力、相搏、手搏、角抵、相扑、蚩尤戏、争交、布库、撩脚、撩跤、掼跤等，如今已经演变成为世界六大跤种之一的中国式摔跤。

有学者认为民族中国式摔跤是我国一项古老的民族传统体育项目，它具有高度的技巧性、健身性以及鲜明的民族特色，深受广大群众的喜爱。随着我国全民健身运动的开展，应该大力扶持这朵民族体育的奇葩，使之走出国门，走向世界，为中国体育全面走上世界竞技体育舞台做出贡献。

还有学者提出民族中国式摔跤是以中国几千年的摔跤运动实践为背景，以京跤为基础，吸收国内多民族摔跤技术，并参照现代国际摔跤规则，经过长时期整理而发展形成的独立运动项目，该学者就民族中国式摔跤的基本内容、发展历程、现状以及对民族中国式摔跤今后的发展阐述了其看法。民族中国式摔跤在国内外都存在巨大的发展空间，机遇与挑战并存，只要有关部门在政策上和体制上积极地扶持、正确地引导，这项运动的前景是非常乐观的。

笔者纵观国内学者针对民族中国式摔跤的研究发现，民族中国式摔跤的传统文化底蕴深厚，内容易学易懂，群众参与性强，深受我国广大人民群众喜爱。

（二）民族中国式摔跤的发展概况

中国式摔跤是对京跤、保定跤、蒙古跤、山西跤等进行整理、融合、升华与规范的产物。民族式摔跤是来源于各少数民族，具有少数民族特色的摔跤活动，如蒙古族式摔跤"搏克"、维吾尔族式摔跤"且里西"、彝族式摔跤"格"、藏族式摔跤"北嘎"、回族式摔跤"绊跤"、朝鲜族式摔跤"希日木"等。无论是中国式摔跤还是民族式摔跤，均是两人徒手相搏，按一定的规则，以各种技术、技巧和方法将对手摔倒。摔跤可全面发展人的速度、耐力、爆发力和柔韧性等，同时可以提升人的意志品质和拼搏向上的精神。

1. 民族中国式摔跤及民族式摔跤的起源与演变

根据文字记载,早在四千年前的原始社会就有了摔跤活动。当时,人们为了生存,在与自然界的斗争中,在部落与部落之间的冲突中,运用拳打、脚踢、抢、抱、摔等技术动作获得食物和进行自卫。在这些活动的过程中,摔跤随之产生。据《述异记》记载:"秦汉间说,蚩尤氏耳鬓如剑戟,头有角,与轩辕斗,以角抵人,人不能向。今冀州有乐名蚩尤戏,其两两三三,头戴牛角以相抵,汉造角抵戏,盖其遗制也。"这种"蚩尤戏"就是我国古代摔跤的雏形。周朝与春秋战国时期,摔跤作为练兵的一项军事科目出现。据《礼记·月令》记载:"孟冬之月……天子乃命将帅讲武,习射御角力。"秦汉时期,摔跤不仅作为一种重要的军事训练手段,而且是节日和宫廷内的表演项目之一,此时,摔跤统称为"角抵"。至汉代,已出现大规模的摔跤活动。唐朝时,每逢元宵节和农历七月十五的中元节均举行摔跤比赛,许多帝王不仅爱看,而且有的还是摔跤能手。宋代,调露子著《角力记》,记载了从五代十国到宋初的有关角力和拳术的状况。到了清代,更是大力提倡摔跤运动,专门成立了"善扑营",出现了"职业摔跤手"。至清末时,摔跤技术已达到较高水平。

2. 民族中国式摔跤及民族式摔跤的传承与发展

民族中国式摔跤的分布地域较为广泛,以自古有"四大跤城"之誉的北京、天津、济南、保定为主,民族中国式摔跤在这些地区有着坚实而广泛的群众基础。民族式摔跤中的蒙古族式摔跤"搏克"在蒙古族中开展得非常普遍,并具有较高的地位,"搏克"与赛马、射箭统称为蒙古族男儿"三艺",在内蒙古自治区的各级那达慕大会上举行;维吾尔族式摔跤"且里西"是维吾尔族、哈萨克族、柯尔克孜族、乌孜别克族、塔吉克族等民族喜爱的活动,多在古尔邦节、肉孜节或农闲时进行;"格"在彝族聚居区具有很广泛的群众基础,在茶余饭后、劳动间隙,小伙子们就要聚在一起进行"格"的练习和较量;藏族式摔跤"北嘎",不仅是藏民们在节日、集会或收获后的庆祝活动上的必有项目,而且在日常生活中较为常见,在女子和儿童中也十分普及;"绊跤"深受回族人的喜爱;"希日木"在朝鲜族中有着悠久的历史。

中华人民共和国成立后,中国式摔跤及民族式摔跤得到了空前的发展。1953年,中国式摔跤被列入国家体育运动竞赛项目,并举行了全国比赛。1956年,中华人民共和国国家体育运动委员会颁布了《中国式摔跤运动员等级制》,1957年颁布了《中国式摔跤规则》。在1959年的第一届全国运动会上,中国式摔跤被列为正式比赛项目。后来，蒙古族式摔跤"搏克"、维吾尔族式摔跤"且里西"、彝族式摔跤"格"、藏族式摔跤"北嘎"、回族式摔跤"绊跤"、朝鲜族式摔跤"希日木"被列为全国少数民族传统体育运动会民族式摔跤比赛中的正式竞赛项目。

民族中国式摔跤自20世纪80年代起在欧美一些国家开始传播，进入90年代以后，在法国、波兰、比利时、芬兰等国逐渐得到推广，许多国家建立了民族中国式摔跤俱乐部，并相继成立民族中国式摔跤协会。法国从1992年起，每隔两年要举办"巴黎市长杯"中国式摔跤国际邀请赛，规模越来越大，成为该项目最有影响的国际赛事之一。2001年，世界中国式摔跤总会在中国香港地区成立，共有30多个国家和地区的中国式摔跤组织成为团体会员。目前，欧洲、美洲、非洲、亚洲一些国家的中国式摔跤协会定期举办比赛。国际上先后出版了英文版、法文版、西班牙文版的有关中国摔跤的书籍，可以说这项运动已遍布全世界，呈国际化的发展趋势。

（三）民族中国式摔跤的竞赛规则与技术特点

民族中国式摔跤是广泛地吸收中国各地、各民族的各流派跤种的优点，整合而形成的具有鲜明中国特色的跤种，在国际跤坛上独树一帜，与日本的柔道和相扑、国际古典式与自由式摔跤、俄罗斯的桑勃并称世界六大跤种。民族中国式摔跤在竞赛规则、场地服饰、技术与训练方法等方面，都有自己的明显特点。

1. 站立快跤，规则简明

民族中国式摔跤是一种站立式摔跤，双方运动员在14米×14米的摔跤垫子上的8米×8米比赛区内进行比赛，要求运动员把对方摔倒而自己保持站立。运动员除两脚支撑点外，身体其他任何部位接触地面即被判负失分（小得合动作除外）。比赛提倡不砸不落、干净利落、文明大方。民族中国式摔跤的胜负容易判断，观赏性强，深受广大群众喜爱。由于其规则简单明了，使得技术具有相当的开放性，并为其丰富发展提供了基础。

2. 技术丰富，流派众多

民族中国式摔跤在形成发展的过程中，不断地吸收各地区、各民族的摔跤技术，以丰富其技术体系。另外，民族中国式摔跤也从武术中吸收安全有效的踢、拿、摔技术充实自己。在长期的实践中，民族中国式摔跤形成了细腻、丰富、全面、系统的技术特点。这从其步法、手法、脚法及其组成的千变万化的跤绊技术可见一斑，正如跤界俗语所讲："大绊子三十六，小绊子赛牛毛。"

民族中国式摔跤在不断丰富自身技术的同时，还形成了各具特色的技术流派，主要有以下几种。

①京跤。主要流行于北京地区，它是继承和发展了清代善扑营摔跤的独特功法和技法而形成的。其特点是功法繁多，动作细腻，以手法著称于跤坛。其传播范围包括河南省、山东省以及上海和沈阳等地，这些地区原有的技术动作与京跤结合起来，又各具特色。

②保定跤。保定是京畿军事重地，也是著名的武术之乡，当地民间的摔跤运动开展得非常广泛。早年，曾有少林派传人平敬一将武术和摔跤融合在一起，形成别具一格的保定快跤，又称"武术跤"。民国初年，快跤曾鼎盛一时，其代表人物有常东升，绰号"花蝴蝶"。受近代摔跤名家马良的影响，保定快跤在济南、南京等地涌现了大批人才。

③蒙古跤。蒙古族有其传统的民族摔跤，也称"搏克"，曾是民族中国式摔跤的重要来源之一。新中国成立后，其跤手也参加中国式摔跤比赛，形成了民族中国式摔跤的重要流派之一。该派以力量见长，带有很多蒙古式摔跤的特点。新疆、黑龙江等地区的摔跤风格，也带有蒙古跤的特点。

④山西跤。山西的摔跤运动有着悠久的历史，忻州、原平等地素有"摔跤之乡"之称。独具特色的"挠羊"就流行于这一地区。参与中国式摔跤比赛后，山西跤在技术上也自成派别。山西跤以抓腕、捌胳膊、挟颈、插肩、锁肘、抱腿等技术为主，抱腿摔为其特长。20世纪50年代，山西运动员崔富海、张毛清、李蓝田等，在全国比赛中把抱腿技术推向全国。

3. 着装大方，精干简捷

在民族中国式摔跤比赛中，运动员上身着短袖跤衣（褡裢）、下身穿长腿跤裤、腰系布带、脚蹬高腰软底跤鞋，既美观大方，又简捷精干，还有利于技术的全面发挥。此种着装与人们的日常衣着相近，便于人们学习应用，也是民族中国式摔跤发展快、深受群众喜爱的重要因素之一。

二、民族中国式摔跤教学的原则与策略

（一）民族中国式摔跤教学的原则

教学原则是前人在长期教学实践中积累的经验总结，是教学过程客观规律的反映，因而也是教师在教学中遵循的准则。体育教学原则在体育理论中已有详尽的阐述，这里着重说明这些原则在民族中国式摔跤课中的运用。

1. 自觉积极性原则

自觉积极性原则是指在民族中国式摔跤教学过程中合理安排教学，使学生明确学习的目的和任务，调动学生学习的积极性、主动性，把认真完成学习任务变成学生的自觉行动。

贯彻自觉积极性原则应注意以下几点。

（1）使学生明确学习的目的和任务

在教学过程中，教师应逐步帮助学生认识本教程的技术动作对全面锻炼身体、提高健康水平、发展各种身体素质、增强体质的积极作用，以激发学生刻苦锻炼和自觉学习的精神。为此，在每学期开始，教师应向学生宣布教学内容、任务和要求以及考核项目及标准。在各技术教学单元和每节课中，教师也应使学生明确学习目的和任务。这样能使学生明确不同教学阶段的要求，促使学生积极主动地、自觉地完成学习任务。

（2）注意培养学生的学习兴趣

培养学生对民族中国式摔跤的兴趣，对激发学生的学习积极性具有重要作用。尤其是民族中国式摔跤中一些基本技术和辅助技术练习比较单调乏味，这时教师应讲解得生动形象，动作示范正确优美，并采用多种教学手段和方法，如采用游戏、竞赛等手段，活跃课堂气氛。同时注意学生负荷的安排，不要使学生感到过分的疲劳。

（3）加强教师的主导作用

在教学过程中，教师的言行会对学生产生直接影响。教师以身作则，严格要求自己，对完成学习任务和调动学生的积极性具有很大作用。总之，对学生的要求，教师应首先做到。

（4）防止伤害事故发生

对于技术性较强的摔跤动作，教师在安排教法时，既要严格要求，也应特别注意防止伤害事故发生。如果安排不当，一旦出现伤害事故，不仅会给受伤学生本身造成痛苦，而且会给其他学生带来不良影响，从而影响整体教学效果。

2. 直观性原则

直观性原则是根据人们对事物的认识规律提出来的，学生对知识、技能与技术的掌握也应遵循从感性到理性的过程。在民族中国式摔跤运动技术的教学中也不例外，教师应利用学生的视觉、听觉和肌肉本体感觉来使其感知动作的形象，通过练习使他们掌握民族中国式摔跤的各项技术。正确合理地运用直观性原则，可以帮助学生更快更好地掌握技术，对提高教学效果有着重要意义。在民族中国式摔跤教学中，常用的直观性教学方式有以下几种。

①动作示范。由教师或学生做动作，这是学生直接感知动作形象的直观方式。

②使用生动形象的语言。将生活中的各种形象或概念运用到实际教学中，容易使学生理解动作，提高教学质量。

③利用直观教具。幻灯、电影、录像等设备均可用来做直观教具，可以弥补教学中动作示范的不足之处。民族中国式摔跤中有许多关键性技术，利用教具可以将这些关键性的地方突出地显示出来，有利于学生掌握动作。

④对比示范。在教学过程中，学生会经常出现错误动作，为了纠正错误动作，教师可以适当做些正确与错误动作的比较。但值得注意的是，错误动作应尽量少做，适可而止。

运用直观性教学还要注意积极思维，在语言和动作之间建立起联系，以提高学生分析问题和解决问题的能力。

3. 从实际出发原则

从实际出发原则是指课的目的、任务、内容、组织教法、负荷的安排都要力求符合学生和教学设施的实际情况。这一原则是学生身心发展的客观规律决定的，也是教学过程中的基本要求。在民族中国式摔跤教学过程中运用这一原则，要注意以下几点。

（1）从学生的实际出发

首先要深入了解学生各方面的具体情况，如学生的身体健康状况、素质情况和摔跤的技术基础情况等，要针对这些情况和教材特点，确定课的任务，合理选择教学方法，安排课的负荷和提出要求。

（2）从教学设施的实际出发

教师应该了解器材设备可能使用的数量与情况，以便根据实际情况有的放矢地确立教学任务，选择和安排教学内容和组织教法。

4. 循序渐进原则

循序渐进原则是指对民族中国式摔跤的教学项目、进度、内容和方法的安排要坚持由易到难、由简到繁、不断提高的原则。

在民族中国式摔跤的教学中贯彻这一原则，应注意以下几点。

（1）合理安排教学顺序

从自我保护动作教起，逐步安排过背摔等技术教学，进而安排手技等技术教学，后期再安排勾、别等转体技术教学。在单元教学中要进行理论教学。

（2）在安排教学进度时要注意坚持由易到难的原则

在课的内容安排上，要在复习前一节课内容的基础上学习新的内容。理论课的讲授内容不能脱离学生的实际基础，要深入浅出，易于学生理解；在技术课的教学中一般是先学简化的分解动作，对动作的规范不做过高的要求，随着学习的深入，逐渐达到各技术动作的要求，最后达到正确的技术动作的规范化。

（3）逐步提高学生的运动负荷

在教学课中，学生的负荷量过小，人体得不到应有的锻炼，动作技术不易掌握；负荷量过大，则影响学生的健康和学习的积极性。为了使学生掌握运动技术，需要有一定的练习数量，在此基础上，注意练习的强度、密度和动作质量。在教学过程中，教师一定要在学生对原有负荷量适应的基础上增加练习数量或提高练习强度。

5.巩固提高原则

运用巩固提高原则，是为了使学生牢固地掌握民族中国式摔跤的基本知识、技术和技能，并能在实践中加以应用。

根据生理学的规律，学生掌握动作技术与技能是大脑皮层建立初步运动动力定型的结果，如果长期中断，动力定型将会消退，致使教学工作徒劳无功。所以，教师在教学中应合理安排，重复练习，以使学生在理论、技术等方面达到巩固的程度。

在贯彻此原则时应注意以下几点。

（1）加强教学工作的计划性

在教学中，教师要使学生经常复习已学过的基本知识、技术和技能，所以在制定教学大纲时，不仅要考虑各项技术所需的教学时数，而且要考虑主要技术重复出现的问题。

（2）采用多种方法巩固所学的知识、技术和技能

在教学中可采用提问、布置课外作业、教学比赛、考查、考试等方法来巩固所学的知识、技术和技能。

提问可以随堂进行，课外作业一般包括技术练习和书面作业，教学比赛一般安排在教学告一段落时进行。此外，还可安排学生担任裁判，以此方式来巩固其所学的知识、技术和技能。

（3）教师应把课上得生动活泼，讲解精辟透彻，动作示范优美大方

在教学中，教师应多采用启发式的教学方法，使学生积极主动地学习，从而掌握需要巩固的知识、技术和技能。

在中国式摔跤的教学中，五个教学原则是紧密结合的，它们之间是相互联系、相互制约而不是孤立的。为了提高教学质量，要全面地理解和贯彻运用这些原则，这样才能提高教学效果。

（二）民族中国式摔跤教学的优化策略

1. 明确学习目的和任务

在教学过程中教师会逐步帮助学生认识本教程的技术动作对全面锻炼身体、提高健康水平、发展身体素质、增强体质的积极作用，以激发学生刻苦锻炼和自觉学习的精神。为此，在每学期开始的第一次民族中国式摔跤教学课，教师应向学生宣布其教学内容、任务和要求，以及考核项目和标准。在各技术教学单元和每节课中，教师也应使学生明确学习目的和任务。这样能使学生明确不同教学阶段的要求，促使学生积极主动地、自觉地完成民族中国式摔跤教学的学习任务。

2. 培养学生的学习兴趣

培养学生对民族中国式摔跤项目的兴趣，对激发学生学习积极性有重要作用。尤其是民族中国式摔跤中一些基本技术和辅助技术练习比较单调乏味，这时任课教师应注意讲解得生动形象，动作示范正确优美，并采用多种教学手段和方法，如游戏、竞赛等，来活跃课堂气氛。同时教师还应注意同学们的负荷安排，不应使学生感到过分疲劳。

3. 合理安排教学顺序

民族中国式摔跤教学前教师会深入了解学生各方面的具体情况，如学生的身体健康状况、素质情况和摔跤的技术基础情况等。教师要针对这些情况和教材特点，确定课程任务，合理选择教学方法，安排课程计划和提出要求。

4. 改善教学师资配备

通过对部分学校民族中国式摔跤教学的师资配备情况进行分析可以发现，目前民族中国式摔跤教学师资配备方面还存在着一些问题，根据相关的研究和实际情况，建议从以下两个方面来进行改善。

（1）加强师资培训

通过现状调查发现，被调查的民族中国式摔跤教师存在学历不太高的问题。

大多民族中国式摔跤教师多为本科学历，甚至是专科学历，这是因为我国能培养民族中国式摔跤专业人才的硕士点极少，而且长时间从事民族中国式摔跤训练的运动员接受教育的时间很少，这就造成了他们学历不太高的现象出现。此外，目前民族中国式摔跤的教学师资大部分是由其他专业调配过来的，由于专业的限制大幅度降低了教学质量。因此，学校领导应有计划地对民族中国式摔跤教师进行定期培训，鼓励青年教师完善知识结构、进行再深造，以适应民族中国式摔跤教学的需要。

（2）增加民族中国式摔跤人才引进

在学校中虽然通过师资培训可以在一定程度上改善师资现状，但大多数情况下教师年龄偏大，经过短期的培训，效果不是很明显，只能起到辅助作用，并不能达到实际效果。因此，学校领导应根据本单位的实际情况鼓励大多数青年教师去学习深造，提高自身素质、学历、专业知识。同时，学校领导应重视引进专业过硬、素质强、学历高的民族中国式摔跤人才，提升师资力量，提高教学质量。这样对于民族中国式摔跤的教学来说可以起到立竿见影的效果，从而快速提升本学科的师资力量与教学质量。

5.加强理论知识学习

通过对民族中国式摔跤教学的研究分析可以看出，现代学校民族中国式摔跤教学在理论方面还存在着明显不足，再者由于受书籍、影视的影响，一些学生对民族中国式摔跤的认识是很肤浅的，这会在一定程度上扭曲民族中国式摔跤的真正内涵，使得有的学生认为民族中国式摔跤课程与自己想象中的民族中国式摔跤相差太大，或根本就不一样。学生对民族中国式摔跤的认知程度偏低，很大一部分原因是对民族中国式摔跤的理论知识学习不够，因此，造成了部分学生难以改变自身的错误认知的情况。从调查数据来看，目前，在部分学校的民族中国式摔跤教学中，开设民族中国式摔跤理论课的非常少，部分学校每学期只上1~2节理论课，远远低于国家规定的每学期8学时的授课要求。因此，民族中国式摔跤理论课的教学应受到学校的高度重视。虽然表面看起来武侠小说、影视对民族中国式摔跤的发展有助于提高人们认识，但里面的内容通常过于夸张，影响了人们对于民族中国式摔跤的认识与了解，从而导致学生在学习现实中的民族中国式摔跤时，感到与想象中的民族中国式摔跤相差太大，始终认为没有学到真正的民族中国式摔跤，从而影响到学习的兴趣，不利于自身的发展，也不利于民族中国式摔跤的教学质量的提高。鉴于此，民族中国式摔跤在教学中要客观、细致地讲解民族中国式摔跤的实用价值与文化内涵，让学生客观地看待武侠小说与影视当中夸张的内容，正确面对民族中国式摔跤，加深学生对民族中国式摔跤的了解，更好地了解民族中国式摔跤这项运动，这样才能提高学生的学习兴趣，从而提高民族中国式摔跤的教学质量，加快民族中国式摔跤的发展。

6. 改进教学内容和教材

教材是课程教学的基础，如果一门体育课程没有教材作为基础，那么这门课程就难以得到可持续的发展。至今没有完全统一的民族中国式摔跤教材是限制民族中国式摔跤在体育教学中进一步发展的主要问题。大部分学生虽然喜欢民族中国式摔跤这项运动，但是教材五花八门，其中的内容多是陈旧的、缺乏创新性的，学习难度又比较大，导致了学生在实际学习中的困难。因此，民族中国式摔跤教学的内容亟待改进。根据对部分学校民族中国式摔跤教学的研究分析并结合实际情况来看，建议从以下两个方面进行改进。

第一，降低学生学习民族中国式摔跤摔法的难度。从目前的授课情况来看，学生所学内容多数是动作难度较大的，对没有接触过民族中国式摔跤的学生来说完成这些动作显得有点力不从心，从而影响学习的兴趣与积极性。所以，教师在授课当中可以从民族中国式摔跤入门开始，多教授一些民族中国式摔跤当中的小动作，与生活中的一些事情联系起来，这样有助于提高学生的学习信心和兴趣。

第二，一门课程要在学校教学中取得发展，那么就必须有相关教材的支撑。从民族中国式摔跤教材选用的情况来看，大部分学校将教师自编教材与教师选用的一些关于民族中国式摔跤训练的书籍作为教材使用，没有针对现代大学生心理特点等方面去选材。甚至还有一些教师在教学中不使用教材，使学生在上课时变得力不从心，降低了学习民族中国式摔跤的兴趣和积极性。

当前的学生多数是独生子女，由于他们在特定的环境下成长，造就了他们特有的心理特点和思想观念。大多数学生对于新生事物比较追求，受外来的文化影响比较大。鉴于此，民族中国式摔跤书籍在创编时应多增加一些符合当代学生心理特点的时尚元素，以提高他们的心理需求。

7. 重视课时的合理性安排

民族中国式摔跤的价值体现在多个方面，如可以起到育人的作用、提高防身能力、培养学生道德品质等。因此,学习好民族中国式摔跤不是一朝一夕的事情,既要学好民族中国式摔跤的动作技巧,又有大量的理论知识需要去学习、体会、理解,这需要教师与学生进行大量的交流,如此才能够更好地了解民族中国式摔跤的价值与文化内涵。但现在学校中除了几个专业院校符合民族中国式摔跤教学的课时标准,其他学校的民族中国式摔跤课时量少之又少,一学期就只有三十几个学时,而学的内容则很多,理论课更是少之又少,甚至有的院校根本就不上理论课了。所以,学生在学过一学期后,只学会了一些简单的民族中国式摔跤摔法,没有实质性地去接触、了解,这样不仅严重影响了民族中国式摔跤的教学质量,而且会使学生失去学习民族中国式摔跤的兴趣与积极性。

为弘扬民族中国式摔跤这一传统运动项目,应该让更多的学生去了解、认识进而喜欢上民族中国式摔跤,这样不单单是为了满足学生学习民族中国式摔跤的需求,更是为了适应民族中国式摔跤的发展所需。所以,在制定民族中国式摔跤教学计划时,应增加课时量,如不能增加课时量,应该多上理论课,减少技术课,增加学生对民族中国式摔跤内涵的了解,从而使他们喜欢上民族中国式摔跤,这样更有利于民族中国式摔跤的发展与传承。对于增加学生学习民族中国式摔跤的兴趣与积极性来说,由于在教室里学习民族中国式摔跤的时间是有限的,所以可以适当增加课外辅导,利用业余时间,教师对在民族中国式摔跤方面感兴趣的学生,或在学习民族中国式摔跤过程中成绩比较突出的学生进行课外辅导,这样不但能够提高学生对民族中国式摔跤的兴趣,增加学生对民族中国式摔跤的了解,强化学生对民族中国式摔跤摔法的掌握,而且能够丰富学生的业余生活,带动学生学习民族中国式摔跤的积极性,更有利于民族中国式摔跤在学校体育教学中的发展。

8.完善场馆设施的建设

场馆设施的建设是关系到日常教学过程及目标能否完成的关键所在。先进的民族中国式摔跤教学场地设施,以及标准、充足的教学器材是民族中国式摔跤教学赖以进行的物质基础,也是保证民族中国式摔跤教学的基础条件。但从目前的实际情况来看,一些学校的民族中国式摔跤教学场馆的设施不容乐观,甚至有些学校没有民族中国式摔跤场馆,对学生的传授只能在操场上或松软的土地上进行,这样对学生的动作传授就有一定的危险性,不能像在场馆当中一样传授,只能简单传授一些技巧,教学质量就得不到保障。如果再加上雨雪天气的影响,就会在本身课时量就不足的情况下继续减少教学实践课的课时量，使民族中国式摔跤教学受到非常严重的影响。在这种情况下，建议学校从以下两方面进行改善。

第一，加大对民族中国式摔跤场馆设施的建设。标准的民族中国式摔跤场馆更符合现代学校民族中国式摔跤教学的发展规律，适应民族中国式摔跤的各种教学需要，能够为民族中国式摔跤教学提供物质保障，有利于民族中国式摔跤教学质量的提高。

第二，合理安排民族中国式摔跤教学实践课的教学时间，尽量避免在同一时间段内有多个班级同时上课，这样在同一时间段内进行民族中国式摔跤教学实践课的班级少了，更有利于减少对教学场地的使用压力，也能更好地提高民族中国式摔跤的教学质量。

第八章　民族传统体育文化传承

本章分为民族传统体育文化传承的意义、民族传统体育文化传承的背景、民族传统体育文化传承的策略三部分，主要包括有利于实现民族团结和社会和谐发展、有利于我国社会主义核心价值观的宣传和实践、经济全球化、社会转型、积极开展民族传统体育文化宣传、厘清民族传统体育文化与高校体育之间的关系、积极开发民族传统体育课程资源等内容。

第一节　民族传统体育文化传承的意义

一个民族的文化发展有它的存在依据和价值，具有其自身的突出而又不同于其他文化的特点。民族传统体育文化是特定历史时代遗留下来的产物，是人类通过社会实践的证据，在其发展过程中受到教育、宗教信仰和历史文化的影响。在经济全球化不断发展的今天，民族传统体育文化不断受到西方体育文化的挑战，因此，我们需要对民族传统体育文化进行全新的认识以及传承。具体来讲，民族传统体育文化传承的意义包括以下几个方面。

一、利于实现民族团结和社会和谐发展

民族传统体育文化是凝聚各民族情感和发展的桥梁和纽带。从体育文化的层面上来看，国家和各个地方的政府部门会通过组织一些民族传统体育活动来加强各民族人民之间的情感沟通和文化交流，让各民族体育健儿在展示自己本民族体育文化的同时，对本民族的文化思想、文化内涵和体育文化精神、价值等进行宣传和体现。通过这种方式不仅彰显了各民族体育独具特色的体育文化，而且让我国各民族的体育文化实现了交流和融合，形成了中华民族的体育文化。

另外，通过民族传统体育活动，还实现了民族凝聚力的提升，为民族团结发展做出了巨大的贡献。从社会文化的层面来说，各民族群众通过民族传统体育项

目进行广泛的交流和互动，不仅满足了人们的精神需求和身体需求，而且构建了和谐的社会环境和氛围。

二、利于我国社会主义核心价值观的宣传和实践

社会主义核心价值观的形成是以我国优秀的民族文化传承和发展为基础的，优秀的民族传统体育文化就是其中重要的组成部分。因此，实现民族传统体育文化的传承和发展是社会主义核心价值观宣传和践行的重要体现。

例如，在我国民族传统体育项目中，中华武术就蕴含了社会主义核心价值观的爱国主义精神，这可以说是我国值得骄傲的名片。在《宋史》中有这样一段记载：岳飞在年幼时期就有了建功立业、报效国家的志向。从军之后，"帝初为飞营第，飞辞曰：'敌未灭，何以家为？'"爱国之情溢于言表。此外，除了爱国精神，中国传统武术中还蕴含着博大精深的武德文化，也就是公平正义精神，这些精神和社会主义核心价值观的内容不谋而合。通过对传统武术的学习，人们不仅可以实现强身健体的效果，而且是对优秀传统民族文化和精神的继承和延续，这种文化和精神能够在现代社会的建设过程中起到推动性作用。

第二节 民族传统体育文化传承的背景

随着社会的发展和进步，当前民族传统体育文化的传承与发展面临着新的形势。目前，我国民族传统体育文化在一定程度上呈现弱化与衰颓之势，面临重重危机。新形势下如何传承和发展民族传统体育文化，是值得人们关心和探讨的重要问题。

一、经济全球化

随着时代的发展，经济全球化极大地改变着世界政治、经济和文化的格局。经济全球化是一个人们不断跨越民族、国家地域的界限，超越制度、文化的障碍，在全球范围内相互联系和交往，互相影响和整合的历史发展过程。

21世纪的今天，随着信息技术和经济的快速发展，各民族文化之间进行着更为广泛的沟通、互补和交流。作为人类文化的一种特殊形式，现代体育自近代以来就成为一种具有独立形式和独立价值的实践活动。自19世纪以来，现代体育随着资本主义经济和文化的扩张而逐渐传遍世界，并已成为世界各国体育的主体。而今，以奥运会为代表的现代体育竞赛已形成一种国际化体育活动形式。

体育国际化表现为奥林匹克文化的国际化和多元体育文化的国际化。从实质上来看，体育国际化的过程是一个把不同民族传统体育文化放置于一个广阔的世界平台上，让其在这舞台上充分发挥自身价值并促进其他文化发展，从而在世界体育文化生态系统中形成多元规范的过程。这一过程的内容包含着大量民族传统体育精神内涵、现代文化的发展理念和多元价值标准。在具体实践中，这一过程具体表现为以多元的发展体制或形式存在的体育文化体系。体育国际化的宗旨在于实现奥林匹克文化与其他优秀体育文化的多元化生存和发展，从而形成一种富有深刻内涵、与时俱进的世界体育文化生态系统。

千百年来，中华民族一直以博大精深的文明而驰名于海内外。21世纪的今天，中华文明凭借其独有的文化特色受到世界瞩目。作为中华文明的一分子，中华民族传统体育项目的数量众多，主要包括汉族的民间游戏、少数民族的传统竞技以及各民族中普遍开展的项目。中华民族传统体育凭借其独特的休闲娱乐性、轻松趣味性、实用世俗性以及浓郁的民俗风情在现代体育世界里吸引着世人的目光。这些项目具有很强的健身价值、艺术价值以及娱乐功能和教育功能。受到体育国际化浪潮的冲击，一些传统民族体育项目在逐渐消失并被现代体育项目所取代。例如，满族的珍珠球，它的规则和玩法与篮球项目有些类似，因为场地和时限性濒临被取代；射箭、放爬犁、寻棒、打皮阔、棒打兔等多项传统民族体育活动已经很少开展了。在经济全球化浪潮的冲击下，原生态民族传统体育生存的外部条件受到影响。

二、社会转型

社会转型是指人类社会由一种存在类型向另一种存在类型的转变，是一种特定的社会发展过程。其内容主要包括社会系统内在结构的变迁以及人们的生活方式、生产方式、心理结构、价值体系的改变等。

（一）社会转型的背景

改革开放以来，中国社会面临转型，这种转型可以说既是一种整体性发展，也是一种结构性变动。一方面它是一种全面的结构性过渡，既包含经济结构的转换，又包含其他社会结构层面的转换；另一方面，它是持续发展中的一种阶段性特征，是社会结构在不断发展过程中从一种状态转换到另一种状态。

可以说，改革开放以来，经济的飞速发展使我国社会的各个方面都发生了深刻的变化。

首先，社会结构转型与体制转轨越来越紧密。如今，我国社会转型的内涵和外延得到了扩展和提升，各种结构性要素都处于不断变化之中，物质层面的改革和精神层面的调整不但同步，而且结合得越来越紧密。

其次，市场的参与程度增大。由社会转型初期政府为主要推动力，转换为社会转型中期市场的参与性大大加强，其调节作用日益得到有效的发挥。

再次，城镇化速度加快。伴随着社会结构调整的扩大和深化，我国的社会转型已从"以国有企业转换和政府职能转变为主导"逐渐转向"中小城镇的调整和转变"。这一社会转型带来的机遇和挑战，在一定程度上促进着我国城镇化的快速发展。

最后，社会发展不平衡性问题。当前，我国面临各种不平衡问题，如经济增长与社会发展不平衡、物质文明与精神文明发展不协调、城镇东西部发展不平衡、城乡发展不平衡等。我国社会转型是一个计划经济体制向社会主义市场经济体制的转变过程，是一个整体推进的现代化变革过程。这一过程严格要求我们在经济和社会发展的各个方面要逐步实现平衡转变。不管哪一个方面发展得不协调或不均衡都将对社会的全面转型造成消极影响，我们应予以重视并加以改变。

（二）社会转型的影响

社会转型对民族传统体育产生了一定的影响，具体表现为以下几个方面。

首先，民族传统体育文化的内涵和功能呈现多元性。随着社会的发展和历史的变迁，民族传统体育文化原有的内涵和功能也随着时代的发展而被赋予了新的含义。这种扩张化了的内涵和功能，在当代社会多元文化的渗透浸染下，逐渐变得古今交错、新老混杂。例如，由祭祀而产生的龙舟竞渡，从一开始的祭神转向后来对爱国人士的崇拜，体现了中国传统伦理道德和价值观念以及爱国精神在民众中的认同感。类似这些民族节日、大型庆典活动在保护和传承民族传统体育文化的同时，又引导着民族传统体育朝着健康向上的方向发展。

其次，民族传统体育文化观念呈现复杂性。一切文化观念的核心是价值观念，人们对民族传统体育的思想观念受到社会主体文化和传统文化的影响和制约。由于民族传统体育源自宗教祭祀、生产劳动和健身娱乐等活动，因而它具有较强的功利性和实用性。例如，龙舟竞渡在其产生的早期带有非常浓厚的宗教色彩。随着时代的进步和发展，现代的龙舟竞渡不但吸收了竞技性强和竞渡过程中所体现的优秀文化品质等精华，同时对那些带有迷信色彩的旧陋习进行了坚决的摒弃，也正是这种"取其精华，去其糟粕"的胸怀才使得现在的龙舟竞渡发展成为遍布五大洲的优秀的民族传统体育项目。通常，民族传统体育文化的变革过程首先从物质文化层面开始，进而导致体育制度文化和体育行为方式的变异，最后引起民族传统体育精神文化层面的变革。

最后，民族传统体育的生存空间呈现多样性。民族传统体育生存的空间包括自然生态环境和社会文化环境，随着当代民族传统体育文化的快速发展，这一空间呈现多样、交叉的立体式形态。我国的56个民族都具有独特而浓郁的民族地方特色，民族传统体育项目更是内容丰富、多姿多彩。很多具有民族特色的项目较之现代竞技体育具有更突出的娱乐性、表演性和观赏性，它们都将是体育旅游资源开发的重点。随着人们生活水平的提高，闲暇时间增多，愿意更多地参与并投身于具有"新、奇、乐"特点的民族传统项目中去，这会带动相关产业的发展，促进区域性整体经济的繁荣。进入现代社会，旅游文化、商贸集会或各种文化节，不仅扩大了民族传统体育传播的空间，而且促使民族传统体育不断拓展自身的发展领域。

第三节　民族传统体育文化传承的策略

要做好民族传统体育文化的传承，除做好社会宣传外，要注意抓好高校的传承工作。

一、积极开展民族传统体育文化宣传

在高校开展民族传统体育教学必须重视文化宣传的作用，通过宣传鼓励等措施，提高民族传统体育文化在高校的传承。我们处于一个信息高度发达且传播速度极快的时代，在此背景下，对高校学生宣传民族传统体育文化的意义是十分必要且有效果的。高校对民族传统体育文化的宣传方式具有多样性，广播站以及选修课程设置方面增加民族传统体育文化相关内容都可以在一定程度上增加学生的好奇心与兴趣，另外开展民族传统体育文化项目的竞赛也能够调动学生对于了解民族传统体育文化的积极性。此外，现在网络媒体日益成熟，通过手机就可以了解整个世界，因此加强学校的网络宣传对于促进学生积极参与传统体育项目十分重要。同时对于学校的硬件设施如雕塑、围墙、走廊等都可以融入民族体育的元素，促进整个校园民族传统体育文化的构建。

二、厘清民族传统体育文化与高校体育之间的关系

高校在开展民族传统体育文化传承活动之前,需要首先明确民族传统体育文化的重要性和意义,了解高校在传承民族传统体育文化中所扮演的角色以及可以发挥的作用,只有确定了民族传统体育文化对高校的影响,以及高校对于民族传统体育文化的作用,才能够进一步发挥其传承作用。高校在开展体育运动时,不能只是一味地满足学生的需求,而应该采取各种措施积极引导学生参加传统体育项目,例如通过民族传统体育趣味运动会、民族传统体育表演节等活动积极培养学生从事本民族体育项目的乐趣和积极性。

三、积极开发民族传统体育课程资源

随着民族传统体育在学校的开展,当前,我国高校民族传统体育课程教材内容还需丰富,类型也需继续多样化。教材在民族传统体育教学中具有非常重要的作用和意义,主要表现在,教材不仅是民族传统体育教学内容和教学方法的知识载体,而且其主要内容关乎民族传统体育的传承。

民族传统体育在很大程度上反映了中华民族的传统思想文化,并与之相互作用、相互影响。目前,我国关于传统体育的教材版本各异,存在着一定的问题,这些问题直接影响我国校园民族传统体育教育教学的发展,因此,必须进行民族传统体育课程资源的开发与创新。

(一)明确开发民族传统体育课程资源的原则

1. 优势互补原则

民族传统体育教学内容开发的优势互补原则,是指在学校民族传统体育教学课程资源的开发过程中,要充分发挥体育教师、专家、学生等人员的作用,实现优势互补,有效利用一切内部和外来资源,共同提高民族传统体育教学内容资源的质量。

2. 充分利用原则

民族传统体育教学内容不能单纯地为了开发而开发,而要使开发的课程资源通过教学实施的各个环节进入体育课堂,从而发挥其作用与功能。在民族传统体育教学课程资源的开发中,一定要注意避免只重开发不重利用的倾向,开发数量和质量应并重。

3. 时效性原则

开发民族传统体育教学资源应遵循时效性原则，主要包括以下两个方面的内涵。

第一，民族传统体育教学课程资源的开发要体现出鲜明的时代特征。随着时代的发展，新的娱乐、健身、休闲的手段不断地被发明和创造出来，民族传统体育教学课程资源的开发应考虑学生走向社会后的各种需求，体现出时代性，同时不能改变民族传统体育项目最本质的文化特征。

第二，民族传统体育教学课程资源的开发要反映现代社会发展的需求。在现代社会背景下，要尽可能开发出锻炼价值高、实用性强的体育教学内容。

（二）掌握开发民族传统体育课程资源的方法

在教学实践中，应该重视和掌握开发民族传统体育课程资源的方法。开发的具体方法包括以下几种。

1. 创新法

创新是将民族传统体育教学课程资源转化为体育教学内容的基本途径，具体是指根据教学对象、条件等合理加工和改造现有民族传统体育教学内容。一般来说，对民族传统体育教学内容的改造应建立在详细分析教学对象特点、教学环境、教学条件、教学构成要素的基础之上，对民族传统体育教学课程资源的构成要素进行改造。

对民族传统体育教学课程资源的构成要素进行改造，要按照一定的目的和原则对民族传统体育教学课程资源的重构与修改。同时，要在了解改造后的民族传统体育教学课程资源的效果和存在的主要问题后，再进行适当修改，为以后教学内容的改造提供参考依据。

2. 选择法

选择法是指从大量的民族传统体育教学课程资源中按照一定的标准，选择出合适的体育教学内容的方法。运用选择法应在罗列体育教学内容清单的基础上，确定民族传统体育教学内容的选择标准，并根据现有教学资源筛选具体的民族传统体育教学内容。

按照上述选择标准选择合适的民族传统体育教学内容，需要注意的是，为了提高民族传统体育教学资源开发的合理性，可综合运用其他方法。

3. 延伸法

延伸法是指对原有的民族传统体育教学课程资源在形式、内容及功能等方面进行延伸，使其更加符合当前的教学实际。采用延伸法开发体育教学内容首先要分析民族传统体育教学课程资源的性质和特点，根据民族传统体育教学需要寻找延伸的空间。民族传统体育教学内容的延伸应符合学生、教师、学校的特点和条件。

4. 综合法

综合法是将现有的各种民族传统体育教学课程资源的某些要素通过一定的方式有机地结合在一起的方法，在整合教学资源的过程中，目的必须明确。确定好民族传统体育教学课程资源的整合目的之后，即可对各要素进行整合，在这个过程中要充分重视民族传统体育各教学资源之间的内在联系。

（三）优化开发民族传统体育课程资源的路径

1. 丰富课程资源内容

缺乏课程资源是当前我国民族传统体育教学面临的一个重要问题。民族传统体育课程资源的缺乏是由很多原因造成的，其中一个重要原因就是教师缺乏课程意识，并且没有真正意识到教师本身在课程资源开发当中的重要作用。大家往往认为课程资源开发利用的责任者是专家学者，而忽略了体育教师在这方面所起到的重要作用。

民族传统体育教学课程的优化创新要求体育教师具备课程开发的基本素养和能力，为高效开发民族传统体育课程资源拓展空间。

（1）优化课程内容

目前，我国学校民族传统体育教学主要是以选修课为主，形式较为单一。对此，建议各地区学校根据各自的实际情况，有针对性、目的性地拓展民族传统体育课程类型，使课内、课外一体化教学得到进一步加强，进而使民族传统体育课程结构得到进一步完善。

体育教师应重视民族传统体育课程教学内容与教学实施过程的创新。民族传统体育教材内容的创新除了要在编写层面进行创新，教师在运用民族传统体育教材时也要进行创新。从民族传统体育教材的编写角度来看，编写者应当充分理解课程标准的主旨，从而在教材中将其反映出来。

编写过程中的创新是为了满足学生的需要，从体育教师的教学角度看，其优化创新主要是教师运用合理的手段方法将民族传统体育教材内容置于教学活动当中，这个过程要有新意，才能充分调动学生对民族传统体育的学习积极性和参与积极性。

（2）转变课程价值主体

在新的体育教育发展形势和新课改标准下，传统民族体育课程资源的创新应从教师价值主体向学生价值主体转化，体育教学内容的选择与确定因此将受到很多方面的制约。

在过去的体育教学大纲中，民族传统体育教学内容的选择与确定往往更重视教育工作者对于教学内容的取舍，因此重视的仅仅是教师的"教"。民族传统体育与竞技体育不完全相同，它既有竞技的成分，也有更多的本土文化色彩和特有的娱乐形式。许多民族传统体育都是集体项目，参加活动的学生不论技术高低，每个人都是活动的主体。

以民族传统体育中的武术为例，在传统武术课程内容的选择和设计方面，绝大多数学校都是将武术套路运动作为主要教学内容，但是，根据目前的调查来看，格斗运动越来越引起学生的兴趣，为了满足学生的愿望，顺应传统武术教学的这一发展趋势，建议学校传统武术课程教学将格斗运动列入教学内容中。这不仅可以丰富学校传统武术课程的内容，而且还能够提高学生对传统武术课程的兴趣和学习积极性。

（3）重视学生体验

重视民族传统体育课程教学过程中学生的体验，简言之，就是将民族传统体育教学内容过程化。在民族传统体育课程教学中，体育教师不仅要重视知识的产生、发展和应用的介绍，还要加强和重视对学生的引导，促使学生通过观察、调查、研究等方式去解决问题，同时还要渗透各种观念上的问题，使学生不光能学到民族传统体育运动技能与知识，还能获得身心全面发展。

2. 分析课程资源类型

通过调查确定民族传统体育课程资源的开发类型，了解怎样去开发并选择相应的措施。具体来说，应做好以下几个方面的工作。

第一，开展社会调查。了解当代社会对学生未来发展和综合素质有什么样的要求，从而了解尚待开发和利用的民族传统体育资源。调查的展开要广泛，要涵盖民族传统体育教育的各个层面。

第二，通过进行学生调查来明确学生对于民族传统体育课程资源的需要和兴趣以及能起到最大作用的课程资源是什么。

第三，在明确开发、利用什么样的体育课程资源的基础上，制定具体措施，确保课程资源在民族传统体育教学当中的融入，以便更好地服务于体育教师和学生。

传统体育教学内容有其不可替代的优势，但是其中一些教学内容已不适合或者说在某些地方上不适合现代体育教学的要求。3.加大国家政策支持力度

和其他体育课程相比，我国民族传统体育课程成立时间较短，民族传统体育教材内容在选择方面缺少参考依据，为了更好地促进这一新生课程的开展，各级管理部门应该尽可能地在政策、科研、资金等方面对其给予大力支持，从而使民族传统体育在学校中发挥出应有的作用。

四、完善校园体育文化建设

学习过程中的文化渗入，可以助力学生健全人格，充分发挥民族传统体育教育的育人作用，因此，校园体育文化建设是健全学生人格和提高其文化素养、推动民族传统体育文化传承的重要途径，具体应从以下几方面入手。

（一）实施个性化培养

学校应固定活动项目、固定活动场所、固定辅导教师、固定练习时间，使学生可以根据自己的兴趣、爱好任意选择符合自己个性特点的民族传统体育项目，充分发展个性，进而轻松地学会一两种可以终身锻炼的民族传统体育项目技能。

（二）充分发挥民族传统体育的教育功能

在体育教学中，教师应充分发挥其主导作用，使学生最大限度地发挥主观能动性，增加其对体育的兴趣，培养其体育锻炼的意识，并通过各种方法与手段使学生理解民族传统体育与终身体育对人类健康的现实意义，让学生积极参与体育教学过程，在实践中提高运用民族传统体育项目进行锻炼的能力。

（三）发挥体育宣传导向作用

学校、家庭与社会要相互配合，充分发挥体育宣传的导向作用，端正家长、教师、学生对学校民族传统体育的态度，使他们深刻地理解学校民族传统体育对培养现代化的人、促进人的全面发展、传承我国优秀传统文化的作用，使学生能自觉、主动地参与民族传统体育活动，让学生在实践中加深对民族传统体育的情感，在实践中真正提高民族传统体育文化素养。

总之，民族传统体育中蕴含着丰富的民族传统体育文化和民族精神，在学校开展以民族传统体育文化为主的各种民族、民俗活动，不仅能增强学生参与民族传统体育活动的积极性，还有助于增强民族凝聚力。

五、大力建设民族传统体育训练基地

（一）建设民族传统体育训练基地的必要性

1. 提高民族传统体育竞技的水平

长期以来党和国家对于我国民族传统体育的相关运动都非常重视，在改革开放之后，这些民族传统体育运动都获得了前所未有的发展。民族传统体育在实现发展的同时也存在着不少的问题，如民族传统体育活动发展过程中存在着忽冷忽热的情况，这也在一定程度上制约了其自身的健康发展。

随着民族传统体育训练基地的不断建设，民族传统体育的训练有了更好的场地保证，这就为民族传统体育专业人才的成长与民族传统体育竞技水平的提升创造了很好的条件。

2. 推广民族传统体育项目

民族传统体育项目在较为封闭的自然环境中产生，这种相对封闭的环境会在一定程度上妨碍其与外界之间的交流与沟通，从而制约自身的不断发展。

从民族学、体育学的角度来分析，民族传统体育具有特殊的意义。它是社会文化生活的一种浓缩，能够在一定程度上反映出不同民族各自发展的轨迹。

针对这种情况，我们应该采取积极的态度与科学的方式对民族传统体育项目进行整理与研究，为民族传统体育的进一步发展提供科学依据，同时为民族传统体育相关的理论研究、技术方法、竞赛表演等创造更好的发展条件。

因此，建设民族传统体育训练基地有助于更好地对其进行挖掘与整理，使民族传统体育运动得到不断改进与规范。

3. 发展民族地区的经济

在改革开放之后，我国民族传统体育以往"有投入，无回收"的现象逐渐发生转变。特别是近些年来，一些少数民族聚居地在体育产业化方面进行了较为成功的探索，其通过与旅游部门的合作开展民族传统体育活动，不但取得了很好的收益，同时还成为体育产业发展的新模式。民族传统体育训练基地的建设还能够很好地开发与推广具备较高健身价值、娱乐价值的民族传统体育项目，为区域的经济发展与建设做出积极的贡献,同时还可以加强民族传统体育自身的发展机能,基地本身也能够更好地展示、推广民族传统体育。

4. 加强民族地区精神文明建设

民族传统体育是一种综合性的文化形式,包含人们的价值观、伦理道德观、审美观以及其他的一些行为模式。民族传统体育以娱乐为主,同时还将现代体育当中的竞争性融入其中。民族传统体育能够很好地统一群体的行为与思想,有助于群体保持更好的凝聚力,促进社会安定。在各种民族文化形式当中,民族传统体育所具备的传承功能、感染功能、强健身心功能、导向功能等都是其他文化形式所不能企及的。民族传统体育训练基地的建设能够为民族地区的精神文明建设提供一个更加宽广的舞台,对于振奋民族的精神具有非常重要的作用与意义。

(二)建设民族传统体育训练基地的保障措施

1. 国家政策保障

从宏观的角度来看,建立民族传统体育训练基地是与《中华人民共和国体育法》《全民健身计划纲要》等政府所出台的相关法律法规政策要求相适应的,表现出明显的可操作性。但是从体育体制创新与民族文化创新的角度来看,任何一种新机制的建立都需要先构建出具体的政策支持系统。

对于训练基地的组织领导、经费投入、建设规划等方面应该有相应的政策支持与体现。政策的扶持与保障是确保基地建设及可持续发展的基础。因此,民族传统训练基地的建设虽然符合国家相关的法规,但是还应该颁布一系列扶持政策予以支持。

2. 人力资源保障

民族传统体育训练基地的建设需要有充足的人力资源的支持。就当前的状况来看,虽然相关行业也有很多民族传统体育相关的专业人才,但是数量以及专业性都还不够。

民族传统体育训练基地的人才发展战略应该以弘扬民族传统体育人文精神为依托,形成以创新为动力的体育人力资源开发策略。针对民族传统体育训练基地的建设应该逐渐建立起人力资源引进、聘用、管理的政策法规,并不断规范。基地的相关人员还应该包括管理人才、经营人才、民族传统体育人才、营销策划人才等,体现为体育人力资源开发上的层次性和协调性特色。

建立合理的基地人力资源结构,要实行按需设岗、竞争上岗、按岗聘用的人事管理聘用制度，引进专业人才，同时不断提升这些专业人员的业务素质及相关技能。有了充足的人力资源做保障，民族传统体育训练基地的建设才能够真正落到实处。

3. 财力资源保障

民族传统体育训练基地建设的启动阶段应该以政府资金以及体育彩票的收益投入为主，日常的运作可通过拨款、财政补贴、社会捐资、民族文化发展专项资金等方式来筹资建设。

同时，还可以通过基地有偿服务等方式来维持基地的日常运转，采取政府、社会、个人多方融资的形式推动基地的建设。另外，还应该积极拓展各种经费的来源，不断促进民族传统体育产业化的壮大，培育民族传统体育的"造血"机能。由此可见，民族传统训练基地的建设要有非常稳定的财力资源保障。

（三）建设民族传统体育训练基地的策略

1. 贯彻落实国家政策

遵循"平等、团结、拼搏、奋进"的宗旨，挖掘、整理、保护、弘扬优秀传统民族体育文化，积极推进民族传统体育活动的普及与开展，推动少数民族传统体育训练基地的建设。

《中华人民共和国宪法》（简称《宪法》）第119条规定："民族自治地方的自治机关自主管理本地方的教育、科学、文化、卫生、体育事业，保护和整理民族的文化遗产，发展和繁荣民族文化。"以《宪法》的形式为我国民族传统体育事业的发展提供了重要保障。

2002年，中共中央、国务院颁布了《关于进一步加强和改进新时期体育工作的意见》，提出了"广泛开展体育活动，不断提高全民族的健康水平""抓住西部大开发的有利时机，继续实施援建全民健身设施的'雪炭工程'，积极扶持中西部地区和少数民族地区发展体育事业，发挥民族人才资源优势，努力促进区域体育的共同发展"。

进入21世纪之后，在发展民族传统体育事业方面，我国政府更加重视，国家体育总局在《2001—2010年体育改革与发展纲要》中就明确提出要"抓住西部大开发的有利时机，积极扶持中西部地区和民族地区发展体育"，并规定"对西部地区和少数民族地区，在承办赛事、体育设施建设、体育人才培养等方面，给予积极支持"。

2. 利用先进科技

众所周知，在民族传统体育项目中，高脚竞速和板鞋竞速两个项目是最具有观赏性的项目，同时也是最令教练员头痛的两个项目。而在传统体育教学和训练中，这两个项目最伤运动员的手和脚，教学往往开展两个学时，学生的手和脚就会受伤，由此学生会产生惧怕心理，不利于项目开展。

高校有设备、场地、信息资料等方面的优势，有条件的高校还可以将"产学研"相结合，集研究、开发于一体，充分利用科学技术与经济相结合的优势，促进民族传统体育器材高科技化，助力民族传统体育训练基地建设。

3. 加强基地师资力量培养

民族传统体育训练基地应加强师资力量和指导员队伍的培养，建立健全教学、训练、科研基地；建立小学、中学、大学民族传统体育教学、训练、竞赛、科研、指导员队伍培训基地；举办各类培训与多种讲座，聘请有特长的兼职教师任课、训练、辅导；组织观摩课，外出取经；提高师生技术和理论水平；注重教学、训练、竞赛、科研、管理、普及相结合。

4. 从基地层面加强对民族传统体育的宣传

要改善民族传统体育的发展现状，首先要转变人们的观念。深化体育改革，通过进行科学的研究和考察，将那些具有优势的民族传统体育项目进行国际化改革，加大宣传力度，从而使民族传统体育逐渐走向城市、走向全国、走向全世界，提升我国民族传统体育文化的软实力。

民族传统体育训练基地应搞好民族传统体育的宣传和对外交流工作，建立、健全民族体育项目协会，办好俱乐部和培训班，提高学生的兴趣和竞技水平，以扩大影响。民族传统体育训练基地应充分利用有关会议、联合办学机会、民族传统盛会、体育活动、公众节庆日及各种对外交流的机会，组织多种类型的表演、推广活动，展示绚丽多姿的民族传统体育文化。

例如，舞龙与舞狮是我国民族传统体育项目中比较具有代表性的两个项目，在我国的民族传统体育项目中，它们具有比较大的发展优势和较为突出的竞争性，同时具有与国际惯例相符的竞赛规则。我国成立的龙狮运动协会也在对这两个项目的发展进行监督，使龙狮运动在我国的发展有法可依、有章可循，为组织发展和合理竞赛提供了保证。

同时，在世界各地华人社会中，龙狮运动协会的成立，进一步扩大了舞龙、舞狮运动的国际影响力，这对我国舞龙、舞狮运动的国际化发展起到了很好的促进作用，从而使龙狮运动成为国际化运动项目之一。

世界体育比赛和国际体育文化交流活动的组织与实施，能够很好地促进我国优秀民族传统体育项目在全世界范围内的推广与普及，使我国体育文化在世界体育文化之中占有一席之地，从而搭起更大的发展平台来更好地促进我国民族传统体育文化的发展，同时这也能够很好地促进世界体育文化的大发展与大繁荣。

六、深入开展民族传统体育科研工作

有关单位应加大投入，成立民族传统体育研发小组，加强挖掘、整合、继承和研发工作，进行理论创新，构建完整、规范、科学的技术和理论体系。

（一）突出民族特点

新中国成立后，在政府的提倡和号召下，我国一些具有比较高锻炼价值的民族传统体育项目逐渐被纳入全国或地方学校的体育教材之中，如荡秋千、八段锦、武术等。

目前，随着体育教学在学校教育中的地位越来越高，我国民族传统体育项目受到了学校的普遍重视，踢毽子、拔河、跳绳等一些具有较强文化性和娱乐性的体育项目开始逐步进入学校体育课堂之中。

挖掘、收集、整理和创新民族传统体育项目，是我国学校体育教材改革中的一个重要突破点，也是挖掘和整理民族传统体育项目非常重要的工作内容之一。

（二）保留文化精髓

挖掘和整理民族传统体育应尽可能地保留其民族特色这一核心内容，在现实生产和生活的基础上，丰富和充实民族传统体育的内容和形式。需要注意的是，应避免单纯地为了保留民族特色而复原民族传统体育原生形态的情况出现。

根据事物发展的客观规律可知，所有能够经得住时间考验并得以流传下来的东西，都具有其存在的合理性以及科学的价值。伴随着时代的发展，传统民族体育也表现出了一定的局限性。因此，在挖掘和整理民族传统体育项目过程中，要始终坚持贯彻"古为今用"和"批判继承"原则，将那些狭隘的民族主义摒弃掉，特别是对于那些不健康和迷信的内容要予以坚决清除，而对于那些能反映民族性格和民族文化、体现民族精神的精华要予以保留。

(三)融入竞技特点

在体育全球化的今天,要想实现我国民族传统体育与世界体育的接轨,就必须充分挖掘民族传统体育项目的竞技特点。在我国民族传统体育项目中,有一些项目本身具备一定的竞技性,但并不突出。对此,我们需对这些项目加以整理,并将其推向世界。例如,武术作为我国优秀的民族传统体育项目,它的产生和发展都凝结了各族人民的智慧,其所具有的独具特色的表演风格以及所蕴含的丰富的哲理,深受人们的喜爱。目前,练习武术已经成了外国人的一种时尚,同时我国也将其推进了奥运会之中。

此外,我国民族传统体育中的赛龙舟、舞龙、舞狮、蒙古式摔跤等也具有一定的竞技性,具有很大的发掘潜力。

参考文献

[1] 陈丽珠.民族体育文化概论[M].北京：中央民族大学出版社，2015.

[2] 张生会.体育百科知识系列丛书[M].呼和浩特：内蒙古人民出版社，2006.

[3] 王静，郝建峰.传播学视域下民族传统体育文化传承发展的困境与疏解[J].广州体育学院学报，2018，38（6）：9-97.

[4] 王广虎，冉学东.民族国家建构中民族传统体育形成的心路历程[J].成都体育学院学报，2018，44（6）：34-43.

[5] 何玮翔.试论民族传统体育的发展方向[J].福州大学学报（哲学社会科学版），2017，31（6）：99-101.

[6] 裴彩利.我国民族传统体育文化的全球化策略[J].运动，2017（22）：145-146.

[7] 蔡海红.民族传统体育项目在学校体育教学中的应用研究[J].当代体育科技，2017，7（34）：172.

[8] 戴思，周平.民族传统体育与旅游产业融合发展研究综述[J].当代体育科技，2021，11（32）：167-170.

[9] 李雁.新时代民族传统体育产业融合发展模式研究[J].当代体育科技，2021，11（32）：171-173.

[10] 涂文明，范新垲.文化传承背景下高校民族传统体育教学创新策略[J].福州大学学报（哲学社会科学版），2021，35（6）：95-98.

[11] 陆守芹.民族传统体育文化与高校人文素质教育协同育人的路径研究[J].大陆桥视野，2021（11）：96-97.

[12] 周能.新时代民族传统体育进高校对铸牢中华民族共同体的新启示[J].当代体育科技，2021，11（30）：168-170.

[13] 岳志荣，梁颖杰，王海军，等.论中国优秀传统体育文化与社会主义核心价值观的契合[J].当代体育科技，2021，11（30）：171-173.

[14] 于阳，聂柏其.中华民族传统体育文化传承与发展的策略探讨[J].科技资讯，2021，19（30）：182-184.

[15] 侯志涛，周宇轩，韦晓康.民族传统体育文化传承场域变迁和实践选择[J].体育文化导刊，2021（10）：51-57.

[16] 王秀美，姚绩伟，姜官宝.中国民族传统体育旅游研究动态与热点分析[J].吉林体育学院学报，2021，37（5）：101-108.

[17] 潘文文，宋智梁，吴迪，等.民族传统体育在高校校园体育文化建设中的价值研究[J].高师理科学刊，2021，41（9）：62-65.

[18] 聂春丽.广西高校民族传统体育课程增设 姚蕾，李铭函.中华优秀传统文化融入体育教材的历程回眸与困境纾解[J].北京体育大学学报，2021，44（9）：114-122.

[19] 杨天雨，唐波，万宇，等.少数民族传统体育项目短视频传播策略研究[J].当代体育科技，2021，11（27）：177-181.

[20] 姚蕾，李铭函.中华优秀传统文化融入体育教材的历程回眸与困境纾解[J].北京体育大学学报，2021，44（9）：114-122.

[21] 陈青，张忠新，冯巨涛.民族传统体育的竞技化传承探析[J].河北体育学院学报，2021，35（5）：90-96.